Edwin Stiller

Dialogische Fachdidaktik Pädagogik

Neue didaktische und methodische
Impulse für den Pädagogikunterricht

Best.-Nr. 018273 2

Schöningh Verlag

Umschlagmotiv: Zygmunt Januszewski, „Einheit im Gegensatz", 1995/CCC

Website
www.schoeningh.de

E-Mail
info@schoeningh.de

© 1997 Ferdinand Schöningh, Paderborn;
ab 2002 Schöningh Verlag im Westermann Schulbuchverlag GmbH,
Jühenplatz 1–3, D-33098 Paderborn

Alle Rechte vorbehalten. Dieses Werk sowie einzelne Teile desselben sind urheberrechtlich geschützt. Jede Verwertung in anderen als den gesetzlich zugelassenen Fällen ist ohne vorherige schriftliche Zustimmung des Verlages nicht zulässig.

Druck: WB-Druck, Rieden Forggensee

Druck   5   4   3   Jahr   06   05   04   03

ISBN 3-14-018273-2

Inhaltsverzeichnis

Vorwort 5

Einleitung: Subjektiv-berufsbiographische Annäherung an das Thema 7

1. Didaktische Aspekte – „Eigensinn" und „Gemeinsinn" von Pädagogikunterricht 11

1.1 Motive – Warum unterrichte ich Pädagogik? Zur Notwendigkeit biographischer Selbstreflexion für Pädagogiklehrer 14

1.2 Attraktivität, Notwendigkeit, Relevanz und Sinnperspektive des Faches Pädagogik – Wie macht Pädagogikunterricht heute Sinn? 22

1.3 Subjektorientierung, Gleichheit und Differenz, dialogisches Verständnis von Erziehung, moderater Konstruktivismus und systemisches Denken: Neue Impulse für die Grundlegung guten Pädagogikunterrichts – Was ist mein Selbstverständnis? 29
1.3.1 Subjektorientierung 31
1.3.2 Gleichheit und Differenz 39
1.3.3 Dialogisches Verständnis von Erziehung 43
1.3.4 Moderater Konstruktivismus und systemisches Denken 48

1.4 Qualifikationen für den Pädagogikunterricht – Was will ich erreichen? 53

1.5 Inhaltsauswahl: Erziehung, Erziehungswissenschaft, Pädagogikunterricht – Was ist notwendig? Was ist wichtig? Was interessiert? Was ist machbar? 61

1.6 Problemzentrierung als didaktisches Prinzip – Wie organisiere ich den Lernprozeß? 68

1.7 Dialogische Didaktik des Pädagogikunterrichts 74

2. Methodische Aspekte – Wege zur *„denkenden Erfahrung"* (Dewey) 78

2.1 Methodische Prinzipien – Nach welchen Kriterien wähle ich Wege aus? 80
2.1.1 Biographisches Lernen – Wege zum Ich 80
2.1.2 Empathisches und kooperatives Lernen – Wege zum und mit anderen 81
2.1.3 Forschendes Lernen – Wege erziehungswissenschaftlicher Erkenntnis 82
2.1.4 Kreativ-gestalterisches Lernen – Neue Wege pädagogischen Handelns 84

2.2	Spezifische Wege für pädagogische Fragen: Wie ermögliche ich Wahrnehmung, Deutung, Beurteilung und Handlung im Pädagogikunterricht?......................	85
2.2.1	Einüben in „Selbstverstehen" – Varianten biographischen Lernens ..	86
2.2.2	Einüben in „Fremdverstehen" – Arbeit mit Fällen, dokumentarischen und literarischen Fremdbiographien	94
2.2.3	Förderung der Empathie, der Kooperations- und Kommunikationsfähigkeit durch Interaktionsübungen, Statuentheater und andere simulative Verfahren	99
2.2.4	Einüben in wissenschaftliche Arbeitsweisen – Vom systematischen Lesen bis zur pädagogischen Facharbeit	111
2.2.5	Varianten der Zukunftswerkstatt im Pädagogikunterricht..........	117
2.2.6	Forschendes Lernen in Projekten.............................	123
3.	Zur Arbeit mit dem Schulbuch *Phoenix*: Individuelle und kollektive Lehr- und Lernwege in einer anregenden Lernlandschaft ..	126
4.	Pädagogikunterricht in unterschiedlichen Arbeitszusammenhängen: Pädagogikunterricht in der Sek.I und Sek.II, in beruflichen Bildungsgängen, im Grundstudium an der Universität und in der Referendarausbildung	128
Schluß-Punkt		132
Literatur		133

Vorwort

„Aufklärung kann sich nicht mit der Durchleuchtung der Welt begnügen, wie sie ist – weder als Erkenntnisauftrag noch als moralische Bestimmung.
Sie braucht also Utopien und die Vorstellung eines möglichen Progresses auf sie zu."
(Hartmut von Hentig*)

Sowohl im Bereich der fachdidaktischen und fachmethodischen Diskussion um Pädagogikunterricht wie auch im Schulbuchsektor herrscht seit mehr als 10 Jahren Stagnation. Dies ist vor allem für die Ausbildung, aber auch für die Fortbildung von Pädagogiklehrern ein sehr mißlicher Zustand.

Die vorliegenden fachdidaktischen Konzepte werden zudem von Referendaren als von der Unterrichtswirklichkeit sehr weit entfernt angesehen und nur äußerlich zu Legitimationszwecken herangezogen.

Der äußere Anlaß zum Schreiben dieses Buches ist zunächst ein pragmatischer, bedingt durch die Übernahme einer Fachleiterstelle für das Fach Pädagogik am Seminar in Recklinghausen. Darüber hinaus dient es meiner persönlichen Positionsbestimmung; der Zusammenführung unterschiedlichster Praxiserfahrung in der Lehrerfortbildung am Landesinstitut für Schule und Weiterbildung in Soest und für die Bezirksregierung Münster, jetzt in der Lehrerausbildung, in der Schulbuchentwicklung beim Schöningh Verlag sowie der 20jährigen Praxiserfahrung als Pädagogiklehrer in der gymnasialen Oberstufe.

In diesem Sinne ist das Buch ein synergetisches Produkt aus fünf Zusammenhängen:

- dem eigenen Unterricht: Dank an die Schülerinnen und Schüler, die immer für die notwendige „Bodenhaftung" sorgen, aber auch immer vieles möglich machen;
- der Arbeit mit Referendarinnen und Referendaren: Dank an die, die sich zunehmend als „Subjekt ihrer Ausbildung" verstehen und viele Anregungen sowie kritische Rückmeldungen geben;
- dem Fortbildungsnetzwerk Erziehungswissenschaft Münster: Dank an Monika Bulla, Karla Reinbacher-Richter und Elfi Schmitz ;
- dem *Phoenix*-Schulbuchteam: Dank an Heinz Dorlöchter und Gudrun Maciejewski für die gemeinsame Konzeptentwicklung. Heinz Dorlöchter gilt mein besonderer Dank für die intensiven Anregungen und die kritische Durchsicht des Manuskripts;
- den Lehrerfortbildungsprojekten „Rechtsradikalismus" und „Tschechisch-deutsche Lehrerbegegnung" am Landesinstitut für Schule und Weiterbildung in Soest: Dank an Botho Priebe und Karl-Ludwig Reinders.

Ohne die vielen Anregungen und kollegialen Unterstützungen in diesen Projekten wäre dieses Buch nicht denkbar gewesen.

Ich will versuchen, meine Vision eines guten Pädagogikunterrichtes darzustellen, nicht in missionarischer Absicht, sondern in der Hoffnung, daß ein Rahmen

---

* Aus: H. von Hentig, Fragmente einer zukünftigen Pädagogik, in: Frankfurter Hefte FH-extra 6, Nach 1984. Die Krise der Zivilisation und unsere Zukunft, Frankfurt 1984, S. 119.

geschaffen werden kann, in dem der Leser/die Leserin seine/ihre eigene Vision entwickeln bzw. überprüfen kann. Hierzu wird der Leser/die Leserin regelmäßig durch spezielle „Gedanken-Spiele" und „Orientierungs-Punkte" explizit aufgefordert. Ich hoffe, daß die gewählte Form nicht gängelnd wirkt, sondern als dialogische Anregung empfunden wird. Das Recht der Leserin/des Lesers, Seiten zu überspringen oder selektiv zu nutzen – wie Daniel Pennac es ausführte –, gilt auch oder erst recht für ein Fachbuch.

Mein Anspruch ist es, konkret nützliche Planungshilfen aus der Praxis für die Praxis bereitzustellen.

Das Buch richtet sich in erster Linie an Referendarinnen und Referendare, Fachlehrerinnen und Fachlehrer sowie Fachleiterinnen und Fachleiter, die das Fach Pädagogik in der gymnasialen Oberstufe vertreten. Darüber hinaus, dies bestätigen meine Kontakte zu Kollegschulen, an denen Erzieherinnen und Erzieher ausgebildet werden, und zu Fachseminaren für Altenpflege, kann es für alle Lehrerinnen und Lehrer im weitesten Sinne, die Unterricht zu pädagogischen Fragen halten, neue Anregungen liefern. Dies gilt sicher auch für das pädagogische Grundstudium sowie die fachdidaktische Ausbildung an den Universitäten und Gesamthochschulen.

„Jedesmal, wenn du ein Buch fortgelegt hast und beginnst, den Faden eigener Gedanken zu spinnen, hat das Buch seinen beabsichtigten Zweck erreicht. Wenn du beim schnellen Blättern nach Vorschriften und Rezepten suchen solltest, wenn du unwillig darüber bist, daß es nur so wenige sind – so wisse, wenn du Ratschläge und Hinweise findest: dies ist nicht mit dem Willen des Autors geschehen, sondern gegen diesen."

(Janusz Korczak[*])

---

[*] Aus: J. K., Wie man ein Kind lieben soll, Göttingen, 9. Aufl. 1989, S. 1.

Einleitung

Subjektiv-berufsbiographische Annäherung an das Thema

"Die Forderung, daß Auschwitz nicht noch einmal sei, ist die allererste an Erziehung"
(Theodor W. Adorno*)

Dieses Leitmotiv war bei mir lange Zeit biographisch verankert, ohne daß es mir in seiner Tragweite, für mich, für mein Selbstverständnis – nicht nur im Kopf, klar war.

Meine Studien- und Berufswahl war stark beeinflußt von der Diskussion um antiautoritäre Erziehung, persönlich gespeist durch die Opposition gegen den autoritären Vater, gegen die Väter-Generation, die Auschwitz möglich machte und die in den 50er und 60er Jahren autoritär erzog, als hätte es Auschwitz nie gegeben.

Im Studium in den 70er Jahren gehörte dieser Adorno-Satz zum Selbstverständnis einer kritischen Erziehungswissenschaft, er blieb aber bedeutungsarm, erreichte nur meinen Kopf und ließ mich nicht die Bedeutung spüren.

Anfang der 90er Jahre bringen rechte Gewaltexzesse, die mit den Namen Mölln, Solingen usw. verbunden sind, das Thema auf die gesellschaftliche Tagesordnung.

Als Mitglied einer landesweiten Arbeitsgruppe, die eine Fortbildungsmaßnahme für Lehrerinnen und Lehrer aller Schulformen der Sekundarstufen I und II zu diesem Thema plante, war ich beteiligt an der Ausbildung der Moderatoren, Materialentwicklung, Durchführung und Evaluation. Hier versuchte ich, auch durch meine didaktischen Überlegungen zum Pädagogikunterricht angeregt, den Gedanken von Adorno für die Fortbildung subjektorientiert und handlungsorientiert umzusetzen.

Die volle Tragweite des Adorno-Zitates für meine Person, meine Biographie und mein berufliches Selbstverständnis wurde mir jedoch erst im Kontext eines tschechisch-deutschen Lehrerfortbildungsprojektes deutlich.

Bei den ersten Kontakten mit tschechischen Kolleginnen und Kollegen in Prag, Theresienstadt und Lidice erhielt ich von einem tschechischen Kollegen ein Foto, welches mich stark berührte und bis heute nicht mehr losläßt.

Dieses Foto hängt in der Gedenkstätte Lidice und zeigt die Schülerinnen und Schüler der kleinen Dorfschule mit ihren beiden Lehrern. Die Pfeile kennzeichnen die beiden Kinder, die den Terror der Nationalsozialisten überlebten. Als Reaktion auf das Attentat auf Heydrich am 27.5.1942 wurde das Dorf Lidice am 9.6.1942 „dem Erdboden gleichgemacht", alle männlichen Bewohner erschossen, die Frauen in ein Konzentrationslager deportiert und die Kinder, laut einem telefonisch übermittelten Befehl: „...die Kinder sind zu sammeln und, soweit ein-

---

* Aus: Th. W. Adorno, Erziehung nach Auschwitz (1966), in: Th. W. Adorno, Erziehung zur Mündigkeit, Suhrkamp, Frankfurt a. M. 1971, S. 88

deutschungsfähig, an SS-Familien ins Reich zu geben. Der Rest wird einer anderen Erziehung zugeführt, ..." (Inschrift auf einer Gedenktafel in Lidice).

Die Begegnung mit dem Ort des Geschehens, die Begegnung mit tschechischen Kolleginnen und Kollegen, die z.T. noch zu der Generation der direkt Betroffenen gehören, alle aber Verwandte und Freunde durch den Naziterror verloren haben – diese Begegnungen haben dem Adorno-Zitat eine neue Qualität für mich gegeben.

Da stehe ich dann als Deutscher, der mit den Taten seiner Vätergeneration konfrontiert wird.

Die biographische Verquickung erhält ihre besondere Kraft dadurch, daß mein Vater 1902 in Hohenelbe, heute Vrchlabi, geboren wurde, in einem deutschnationalen Kontext aufwuchs, 1918 nach der Gründung der ersten tschechischen Republik seinen tschechischen Geburtsort Richtung Berlin verließ und sich dort erst deutsch-nationalen und später nationalsozialistischen Kreisen anschloß.

Mir wurde durch die biographische Recherche deutlich, daß bei einem anderen Lebensweg meines Vaters, einer anderen historisch-politischen Weichenstellung im Jahre 1918 ich heute zur tschechischen Seite der Delegation gehören würde und die Welt, meinen Beruf, Erziehung mit ganz anderen Augen sehen würde.

Im Herbst 1995 veranstalteten wir die erste tschechisch-deutsche Lehrerbegegnung in Theresienstadt. In diesem Rahmen besuchten wir gemeinsam die Gedenkstätte Lidice. Den Kindern von Lidice hat die tschechische Lehrerin und Bildhauerin Marie Uchytilova ein ergreifendes Denkmal gesetzt.

Zum Abschluß der Gedenkstättenarbeit in Theresienstadt legte die tschechisch-deutsche Gruppe einen Kranz nieder und trug folgenden Text in tschechisch und deutsch vor:

„MEINES BRUDERS HÜTER

Wir fragen noch einmal: Wie können wir eine Wiederholung so entsetzlicher Geschehnisse verhindern? Die Antwort kann in uns selbst gefunden werden.

Wir müssen alle Rassetheorien über die Ungleichheit der Menschen als falsch, inhuman und unmoralisch ablehnen.

Wir dürfen gegen keinen Menschen nur wegen seiner Hautfarbe, seiner Religion oder seiner Herkunft ein Vorurteil hegen.

Statt dessen müssen wir uns nach dem Grundsatz von der absoluten Gleichheit aller und der Gerechtigkeit für alle richten.

Wir müssen lernen, tolerant zu sein, und Unterschiede zwischen Menschen hinnehmen.

Statt Mauern und Zäune zu errichten, die Menschen voneinander trennen, wollen wir Tore gegenseitigen Verstehens öffnen und Achtung füreinander im Herzen tragen.

Statt einander zu hassen, wollen wir einander zuhören und einer vom anderen lernen.

Kein Kind, welcher Volkszugehörigkeit auch immer, möge jemals eine Tragödie wie den Holocaust erleben. In einer Welt, wo Liebe und Brüderlichkeit herrschen, kann es niemals einen Holocaust geben.

Niemals kann sich ein Holocaust in einer Welt ereignen, wo die Menschenwürde respektiert wird und ein Menschenleben heilig ist.

Anders als während des Holocausts müssen wir Schmerz empfinden, wenn Mitmenschen etwas angetan wird.

Wir dürfen nicht gleichgültig bleiben, wenn andere leiden.

Wir haben erfahren, warum jüdische Kinder ermordet wurden.

Sie werden nicht umsonst gestorben sein, wenn alle Kinder aller Nationen einander brüderlich die Hand reichen und der Welt ein für allemal feierlich verkünden:

ICH BIN MEINES BRUDERS HÜTER".

(Israel Bernbaum)

Nun glaube ich, das Adorno-Zitat verstanden zu haben.

„Die Forderung, daß Auschwitz nicht noch einmal sei, ist die allererste an Erziehung."

Ich möchte daher dieses Buch den Kindern von Lidice und Theresienstadt widmen.

Sie stehen stellvertretend für alle Menschen, die von Rassismus bedroht und vernichtet werden, dies tagtäglich und überall.

Auch wenn es wichtig ist, diese Vorgänge nicht zu pädagogisieren, geht es doch darum, daß jeder an seinem Platz – hier im Pädagogikunterricht – einen Beitrag dazu leistet, daß *„...Auschwitz nicht noch einmal sei..."*.

Im ersten Teil des Buches möchte ich versuchen, das in dem Appell von Israel Bernbaum formulierte Verständnis von der zentralen Aufgabe einer Erziehung nach Auschwitz fachdidaktisch für den Pädagogikunterricht umzusetzen.

Im zweiten Teil stelle ich konkrete methodische Konzepte vor, die nach meiner Erfahrung geeignet sind, die fachdidaktischen Leitideen in gangbare Wege umzusetzen.

1. Didaktische Aspekte „Eigensinn" und „Gemeinsinn" von Pädagogikunterricht

Dies ist ein Versuch, die Fachdidaktik des Pädagogikunterrichts neu zu denken. Ein Versuch zur Bereicherung von didaktischer Vielfalt, nicht gegen konkurrierende Modelle gerichtet.

Unter den Ressourcen der reflexiven Moderne (Beck) gilt Sinn als eine der knappsten Ressourcen.

Praxisnahe Fachdidaktik verstehe ich als Hilfestellung zur (Wieder-)Gewinnung von Sinn eigenen unterrichtlichen Handelns:

– Was sind meine handlungsleitenden Ziele?
– Welche Inhalte sind relevant? Wo setze ich Schwerpunkte?
– Wie nutze ich „didaktische Phantasie" (vgl. Fellsches 1993), um einen Zugang zum Ganzen der Erziehung zu schaffen?
– Wie organisiere ich den Lernprozeß so, daß er mir professionelles Arbeiten ermöglicht und Spaß macht?

Dies sind „eigensinnige" Fragestellungen, die im Zusammenhang mit biographischer Selbstreflexion geklärt werden können.

Nun ist die Pädagogiklehrerin/der Pädagogiklehrer kein frei schwebendes Individuum, sondern muß in Beziehung zu Schülerinnen und Schülern, schulischen Rahmenbedingungen, gesamtgesellschaftlichen Entwicklungen und universitärer Erziehungswissenschaft gesehen werden.

Die Konstruktion von „Gemeinsinn" ist eine spannende, zu leistende Aufgabe einer neuen Fachdidaktik des Pädagogikunterrichts, die nur im Dialog zu leisten ist.

Die Schülerinnen und Schüler als Co-Konstrukteure von Sinn zu begreifen und zu beteiligen, ist eine Variante des Gemein-Sinns von Pädagogikunterricht.

Orientierungs-Punkt

„Habe Mut zu dir selbst, und suche deinen eigenen Weg. Erkenne dich selbst, bevor du Kinder zu erkennen trachtest.

Leg dir Rechenschaft darüber ab, wo deine Fähigkeiten liegen, bevor du damit beginnst, Kindern den Bereich ihrer Rechte und Pflichten abzustecken. Unter ihnen allen bist du selbst ein Kind, das du zunächst einmal erkennen, erziehen und ausbilden mußt.

Es ist einer der bösartigsten Fehler anzunehmen, die Pädagogik sei die Wissenschaft vom Kind - und nicht zuerst die Wissenschaft vom Menschen."

(Janusz Korczak; Wie man ein Kind lieben soll, Göttingen 1967, S. 156. Korczak, 1878–1942, jüdischer Arzt, Pädagoge, Schriftsteller, von den Nationalsozialisten im Konzentrationslager Treblinka ermordet, genauso wie die Kinder des von ihm geleiteten Waisenhauses, erhielt posthum den Friedenspreis des deutschen Buchhandels.)

1. Aus welchem Kontext kommt die Argumentation?

2. Was ist die persönliche Botschaft für mich?

3. Was kann ich für meinen Arbeitszusammenhang damit anfangen?

Gedanken-Spiel

Warum tue ich, was ich tue?
Warum unterrichte ich das Fach Pädagogik?

„Last night I dreamed I died and that my life had been rearranged into some kind of theme park. And all my friends were walking up and down the boardwalk. ..."
(Laurie Anderson, Tightrope)

Folgen wir Laurie Anderson ein Stück, betreten wir aber dann den Themenpark der pädagogischen Institutionen, die wir in unserem bisherigen Leben besuchten.

Was assoziiere ich heute mit meiner

- Grundschulzeit:
- Zeit an der weiterführenden Schule:
- Universität:

Wer sonst hat mich mit auf diesen beruflichen Weg gebracht?

Hilft mir das bei der Klärung der Frage, warum ich nicht Maurerin/Maurer, Atomphysikerin/Atomphysiker, Ärztin/Arzt, Betriebswirtin/Betriebswirt, Heimerzieherin/Heimerzieher oder Erziehungswissenschaftlerin/ Erziehungswissenschaftler geworden bin?

Hätte ich als Frau bzw. als Mann einen anderen Beruf ergriffen? Warum (nicht)?

Was haben mir Menschen, die mich auf diesen beruflichen Weg gebracht bzw. begleitet haben, für Botschaften mit auf den Weg gegeben?

Verstehen Sie diese Fragen als Dauerauftrag!

1.1 Motive – Warum unterrichte ich Pädagogik?
Zur Notwendigkeit biographischer Selbstreflexion für Pädagogiklehrer und -lehrerinnen

Janusz Korczak ist nicht der erste Pädagoge, der Selbstreflexion und die Erziehung des Erziehers für die zentrale Voraussetzung gelingender Erziehung (dies zu definieren ist ein schwieriges Unterfangen, welches später thematisiert wird) hält. Er ist aber sicherlich einer derjenigen, die dies mit radikaler Konsequenz in der eigenen Praxis realisieren und Hilfestellungen dazu anbieten. Korczak führte systematisch und akribisch Tagebuch, dies aber nicht als private Veranstaltung sondern gedacht für den Austausch, für den Diskurs über pädagogische Fragen. Korczak forderte von den Erzieherinnen und Erziehern, die er ausbildete sowie von den Kindern seines Waisenhauses ebenfalls das Führen und Austauschen von Tagebüchern.

Trotzdem bleiben die Motive Korczaks, den Beruf des Pädagogen seinen beiden anderen Professionen – Arzt und Schriftsteller – vorzuziehen und zu seinem Lebensthema zu machen, ungeklärt. (vgl. Pelzer 1987, S. 33) Dies wäre aber genau die Dimension, an der biographische Selbstreflexion ansetzen muß.

„Jeder Mensch erfindet sich früher oder später eine Geschichte, die er, oft unter gewaltigen Opfern, für sein Leben hält." (Max Frisch)

Damit diese „Opfer" in pädagogischen Berufen nicht zu groß werden oder Kinder nicht die „Opfer" unbewußt gebliebener Leitmotive werden, ist Selbstaufklärung über Berufswahlmotive und Rekonstruktion verschlungener oder glatter Wege zum Beruf des Pädagogiklehrers unerläßlich. Ein erster Schritt in diese Richtung könnte die Auseinandersetzung mit dem „Gedanken-Spiel" auf Seite 13 sein.

Die Biographie-Forschung hat in den letzten zwanzig Jahren in den Sozial- und Erziehungswissenschaften einen großen Aufschwung erlebt. Einerseits ist sie als Richtung der qualitativen Sozialforschung nicht mehr wegzudenken, z.B. als selbstverständliches Element in Jugendstudien oder als unverzichtbare Richtung der Sozialisationsforschung (vgl.Kohli 1991). Andererseits erfreut sich die Thematisierung der eigenen Lebensgeschichte in psychologischen oder pädagogischen Handlungsfeldern großer Beliebtheit (vgl. Ernst 1994, Gudjons 1986).

Biographisches Lernen kann sich dementsprechend auf zwei Ebenen bewegen: einerseits können Lernprozesse in Gang gesetzt werden, die sich das Verstehen von Fremd-Biographien zum Ziel gesetzt haben; andererseits steht die reflexive Auseinandersetzung mit der eigenen Lebensgeschichte im Vordergrund.

Am Anfang der Auseinandersetzung mit didaktischen und methodischen Konzepten soll die Auseinandersetzung mit der eigenen Biographie stehen. *„Der Rückblick auf die eigene Lebensgeschichte kann kreativ und heilsam sein: Indem wir die verborgenen Themen und Motive unserer bisherigen Existenz freilegen, eröffnen wir uns neue Perspektiven für die Zukunft. Eine psychologische Autobiographie macht oft ungeahnte Zusammenhänge deutlich und erklärt persönliche Entwicklungen. Dabei geht es nicht um objektive, sondern um psychische Wahrheiten – um Selbst-Verständnis und Selbst-Akzeptanz."* (Ernst 1994, S. 20). Freilich müssen diese „individuellen Wahrheiten" immer in den gesellschaftlichen Kontext gestellt werden, um nicht Nabelschau sondern im weiteren Sinne politische Bildung zu ermöglichen (vgl.Buschmeyer 1988). Diese „individuellen Wahrheiten" aufzudecken, bedeutet ein Stück Selbstaufklärung zu betreiben und die individuellen Wahrnehmungs-, Deutungs- und Handlungsmuster aufzuarbeiten. Unsere eigenen Wahrnehmungs-, Deutungs- und Handlungsmuster bestimmen unseren persönlichen Umgang mit allen Bereichen schulischen Handelns.

Da wir nicht nur ein theoretisches, intellektuelles Interesse mit dem Verstehen der eigenen sowie fremder Biographien verbinden, sondern pädagogisch Handelnde sind, die zudem Pädagogik in Bildungsprozessen thematisieren, erhält biographisches Lernen eine besondere Bedeutung (vgl. Buchmann-Stiller 1994, S.1ff.). *„Biographische Selbstreflexion als ein laufender Prozeß der Aufarbeitung der eigenen Lebensgeschichte ist darum unumgängliche Notwendigkeit, um nicht blindes Opfer seines eigenen Erzogen-seins im Umgang mit Kindern und Jugendlichen zu werden."* (Wagener 1987, S.13)

Nicht aufgearbeitete biographische Erfahrungen können als Quelle von Ängsten, unangemessenen Reaktionen, Verdrängungen u.ä. produktive pädagogische Arbeit behindern bzw. verunmöglichen. Die Erziehung der Erzieher bzw. die Selbsterziehung der Erzieher ist also ein unverzichtbarer Bestandteil pädagogischer Professionalität. Dementsprechend ist biographisches Lernen ein unverzichtbarer Bestandteil in der Lehraus- und -fortbildung für Pädagogiklehrerinnen und -lehrer.

Die humanistische Pädagogik bietet hierzu zahlreiche theoretische und praktische Anstöße. So fordert Költze (vgl. Költze 1993, S. 192) für die Lehrerausbildung eine Fokussierung auf die Bildung, Ausbildung und Erweiterung eines pädagogischen Selbstkonzeptes. Neben der oben angesprochenen Berufswahlmotivation will er die Grundüberzeugungen (Werte und Normen im ethischen, religiösen, philosophischen und politischen Bereich...), Energiequellen (Was trägt mich, woher schöpfe ich Kraft...), Umgang mit der eigenen Person in Seminar und Schule sowie Ziele und geplante Realisierungswege thematisieren. Als ein methodisches Beispiel zur Reflexion des pädagogischen Selbstkonzepts führt er eine Ganzkörper-Umriß-Übung an:

Die Seminarteilnehmerinnen und Teilnehmer zeichnen in Partnerarbeit wechselseitig ihre Körperumrisse auf große Papierbahnen. Danach füllen sie individuell ihren Umriß zu folgenden Gesichtspunkten aus:

„– Beine: *Was will ich in der Schule erreichen?*
– Bauch: *Meine Energiequellen?*
– Herz: *Warum will ich Lehrer/in sein?*
– Arme: *Was bekomme ich von meinen Schülern?*
– Kopf: *Wie will ich meine Ziele erreichen?*
– Äußere Umrandung: *Welche Einflüsse wirken auf mein Handeln, auf meine Ideen?"* (ebd., S. 207)

Die Ergebnisse werden anschließend in der Seminargruppe thematisiert.

Gerhard Fatzer (vgl. Fatzer 1990) bietet in seinem Buch zum ganzheitlichen Lernen Selbsterfahrungsübungen für Lehrerinnen und Lehrer und solche, die es werden wollen, an. Interessant finde ich vor allem die Übungen, die sich auf eigene Schulerfahrungen beziehen. So werden die Lehrerinnen und Lehrer aufge-

Statementspiel

Ich will Pädagogiklehrer/in werden, weil mich das Fach mehr interessiert hat als die anderen Fächer.	Ich will Pädagogiklehrer/in werden, weil ich in diesem Fach die Möglichkeit sehe, Schülern bei ihrer Persönlichkeitsentwicklung zu helfen.
Ich will Pädagogiklehrer/in werden, weil ich den Pädagogikunterricht aus meiner eigenen Schulzeit in guter Erinnerung habe.	Ich will Pädagogiklehrer/in werden, weil ...
Ich kann meine Erfahrungen aus der Erwachsenenbildung/Jugendarbeit für das Referendariat nutzen.	Ich kann meine Schwerpunkte aus dem EW-Studium für das Referendariat nutzen.
Ich kann meine Kontakte zu Sozialpädagogen/Psychologen ... für den Unterricht nutzen.	Ich kann meine Kenntnisse aus dem 2. Unterrichtsfach für das Fach Pädagogik nutzen.
Ich kann an meine Fachdidaktik-Seminare an der Uni anknüpfen.	Ich erwarte von der Fachleiterin/dem Fachleiter, daß sie/er mir guten Pädagogikunterricht vorführt.
Ich erwarte vom Fachseminar Pädagogik, daß wir uns einen Überblick über den Stand der Fachdidaktik verschaffen.	Ich erwarte vom Fachseminar Pädagogik, daß wir handlungsorientierte Unterrichtsmethoden kennenlernen.
Ich erwarte vom Fachseminar Pädagogik, daß Unterrichtsinhalte gemeinsam erarbeitet werden.	Ich erwarte vom Fachseminar Pädagogik, daß ich „Rezepte" für guten Unterricht erhalte.
Ich hoffe, daß die Referendarkolleginnen und -kollegen gut zusammenarbeiten und sich gegenseitig unterstützen.	Ich befürchte, daß viel Arbeit auf mich zukommt.
Ich hoffe, daß ich viel von den Ausbildungslehrern an meiner zukünftigen Schule lernen kann.	Ich befürchte, daß die psychische Belastung im Referendariat ziemlich hoch ist.
Ich hoffe, daß ...	Ich befürchte, daß ...
Ich hoffe, daß ...	Ich befürchte, daß ...

fordert mit vier Wörtern zu charakterisieren, was Schule für sie war. Diese Wörter sollten dann zu Sätzen ausgebaut werden. In Kleingruppen wurden anschließend Gemeinsamkeiten bzw. Unterschiede ermittelt und überlegt, was wäre, wenn Schule heute so aussehen würde und was das dann für die eigene Berufsperspektive bedeutet. Fatzer empfiehlt ebenfalls das Führen eines Tagebuchs.

Für meine Pädagogik-Referendare habe ich ein Statementspiel (s. S. 16) entwickelt, welches in der ersten Seminarsitzung ein Gespräch über Erwartungen, Befürchtungen, Ressourcen und Motive ermöglicht. Die Statements werden auseinandergeschnitten, umgedreht auf einen Stapel gelegt und nacheinander vorgelesen, mit einem individuellen Kommentar versehen und in der Gruppe diskutiert. Dabei sollte das gegenseitige Verstehen im Vordergrund stehen. Anschließend überlegt die Gruppe, welche Statements auf die größte Zustimmung bzw. Ablehnung stoßen. Hieran kann dann die Planung der weiteren Sitzungen gut anknüpfen.

Kösel (vgl. Kösel 1995, S. 276 ff) geht in seiner subjektiven Didaktik davon aus, daß alles menschliche Handeln von verinnerlichten Konstrukten und daraus resultierenden Alltagstheorien gesteuert wird. *„Wir Pädagogen und Didaktiker können es uns nicht mehr erlauben, dieses versteckte Gesicht unserer Person einfach zu ignorieren. Wir haben eine Verpflichtung uns selbst gegenüber, die eigene Realitätstheorie aufzuklären, um unangemessene Verhaltensweisen und Reaktionen auf andere von uns abhängige Menschen zu vermeiden oder sie zu erkennen und besser, d.h. distanzierter damit umzugehen"* (ebd., S. 277).

Die systematische Arbeit am Selbstkonzept mit Methoden der Transaktionsanalyse, der Neurolinguistischen Programmierung, des Psychodramas, der Gestaltpädagogik und Interaktionspädagogik hat sowohl einen analytischen wie auch einen verändernden Effekt. Im Sinne einer sich selbst erfüllenden Prophezeiung kann das eigene Verhalten gezielt beeinflußt werden.

Der Kauf, das Kopieren oder Leihen eines Buches ist ein Entscheidungsakt, der sich gegen Alternativen durchgesetzt hat. Auch hier spielen Motive und Erwartungshaltungen eine Rolle. Das Gedanken-Spiel auf der Seite 18 soll zur Klärung dieser Erwartungshaltung und zum bewußteren, gezielten Lesen beitragen. Es greift den Kerngedanken der Methode Zukunftswerkstatt in radikal verkürzter Form auf (mehr dazu im Kapitel 2.2.5) und leistet ebenfalls einen Beitrag zur Klärung des pädagogischen Selbstkonzepts.

Erhard Meueler hat eine sehr schöne Methapher-Übung entwickelt, die sich für berufliche Selbstreflexion von praxiserfahrenen Lehrerinnen und Lehrern eignet und die sich gut für Pädagogiklehrerinnen und -lehrer übertragen läßt (Lehrer-Sein als Drahtseilakt !). Inspiriert durch den Hochseilakt zum 1200jährigen Jubiläum der Stadt Frankfurt, schlägt er vor, die einzelnen Komponenten dieses Hochseillaufes metaphorisch zu nutzen und regt folgende Fragen an:

„– Wie bin ich auf dieses hohe Seil hinaufgekommen?
– Woraus besteht das Fundament, an dem mein Seil am Ausgangspunkt festgemacht ist?
– Woraus besteht das Seil? Was gibt ihm die Spannung?
– Wo ist das andere Ende des Seils festgemacht? Was ist das Ziel meines Hochseillaufs?
– Mit welchen Seitenverstrebungen (Traversen) ist das Seil gegen Windstöße gesichert? Wo sind sie am Boden festgezurrt?

- *Welche Stationen habe ich bei meinem Gang auf dem Seil bislang schon durchquert? Wo befinde ich mich derzeit? Welche weiteren Stationen habe ich vorgesehen?*
- *Wie gestalte ich meine Auftritte? – Wer ist mein Publikum?*
- *Habe ich ein Team, das mich unterstützt?*
- *Woraus besteht meine Balancierstange? Wie balanciere ich mein Gleichgewicht aus?*

..." (Meueler 1996, S. 274)

Der Autor führt den Fragenkatalog noch weiter aus, stellt ein methodisches Arrangement vor und berichtet über Erfahrungen mit dieser Übung. Bei allen Grenzen, die jede Methapher mit sich bringt, erscheint mir die hier gewählte als sehr inspirierend, über den oft bewußtlos gelebten Berufsalltag gemeinsam mit Kolleginnen und Kollegen neu nachzudenken.

Gedanken-Spiel

Warum lese ich dieses Buch?
Bei welchen Fragen soll es mir helfen?

Ich kann den Grundgedanken der Zukunftswerkstatt (s.hierzu Kapitel 2.2.5) auf seinen Kern reduzieren und mir drei Fragen beantworten:

1. Wenn ich an meine Praxis als Pädagogiklehrerin/Pädagogiklehrer denke, dann geht mir folgendes total auf die Nerven, ärgert mich, stört mich am meisten:
   -
   -
   -

2. Wenn ich mir jetzt vorstelle, alle Macht der Welt zu haben, alle Dinge nach meinem Willen verändern zu können, was wäre dann das utopische Gegenteil der oben aufgeschriebenen Kritikpunkte?
   -
   -
   -

3. Rom wurde auch nicht an einem Tag gebaut ! Was wären richtige, kleine Schritte in die oben beschriebene Richtung, mit denen ich schon morgen beginnen kann?
   -
   -
   -

Notieren Sie hier die Fragen, bei deren Klärung Sie sich Hilfe durch dieses Buch erhoffen:
-
-
-
-
-
-

Gedanken-Spiel

Die Ferien sind vorüber: Wird der Alltag von Schülern und Lehrern immer schlimmer ? Lernziel Mitmensch Alptraum Schule Gestreßte Schüler, ratlose Eltern, überforderte Lehrer Schule '93: mangelhaft Gebt der Schule endlich schulfrei ! Echt ätzend ! - Was geschehen muß, damit die Schule ihren Schrecken verliert. Nur eine radikale Reform kann die Schule noch retten ! An den Hauptschulen eskaliert die Gewalt, in den Gymnasien grassiert die Langeweile, und überall macht der Stress die Schüler krank Nervenkrieg im Klassenzimmer Kreativ und kontaktfreudig oder dickfellig und angepaßt ? Entnervter Nahkämpfer und Dompteur oder geduldiger Vermittler ? Plädoyer für eine neue Elite Horrorjob Lehrer Die sind satt und festgefahren Schule in NRW: Hektik, Ärger, Gewalt und eintönige Routine Der fast alltägliche Traum: alles hinschmeißen und nie wieder eine Schule von innen sehen Junge Lehrer müssen rein, sonst wird das hier ein Altenheim Abitur: Prüfung ohne Wert In der Masse erstickt Die ewige Punktegeierei Die Lehrer müssen umdenken Dieser schlabberige Liberalismus Abenteuer Lernen Der andere Unterricht Am Leben vorbei gelernt Revolution des Lernens Das Ende der Erziehung

(Zitate, Titel, Überschriften aus: ZEIT 23.8.93, 22.10.93, Stern 35/93, Süddeutsche Zeitung, Magazin 25.9.92, Spiegel 23/92, 14/93, 9/94, 35/94, 9/95, Focus 37/94)

Welches Bild ergibt sich durch die Berichterstattung in den Medien ?
Was ist meine Einschätzung ?

Orientierungs-Punkt

„Die Schule stellt die größte gesellschaftliche Veranstaltung unserer Kultur dar. Sie beansprucht die lernfähigsten und vitalsten Jahre im Leben der Menschen. Sie verbraucht - schließt man Studium und Ausbildung mit ein - oft zwanzig Jahre, die Hälfte der dann folgenden vierzig Berufsjahre; sie frißt nicht die Kinder, wohl aber die Kindheit und Jugend. Sie entläßt die jungen Menschen kenntnisreich, aber erfahrungsarm, erwartungsvoll, aber orientierungslos, ungebunden, aber auch unselbständig - und einen erschreckend hohen Anteil unter ihnen ohne jede Beziehung zum Gemeinwesen, entfremdet und feindlich bis zur Barbarei. Das Mißverhältnis von Aufwand und Erfolg, von Absicht und Ergebnis ist so groß und jetzt so offensichtlich, daß allenthalben die Menschen bereit zu sein scheinen, zunächst einmal die hier vorgeschlagene Denkübung mitzumachen."

(Hartmut von Hentig; Die Schule neu denken, München 1993, S. 10;
Hartmut von Hentig, 1925 geboren, emeritierter Professor für Pädagogik, Gründer und lange Zeit wissenschaftlicher Leiter der Laborschule Bielefeld und des Oberstufen-Kolleges in NRW, versteht sein Buch als „zornige Antwort auf Hoyerswerda und Mölln, Rostock und Solingen")

1. Aus welchem Kontext kommt die Argumentation?

2. Was ist die persönliche Botschaft für mich?

3. Was kann ich für meinen Arbeitszusammenhang damit anfangen?

1.2 Attraktivität, Notwendigkeit, Relevanz und Sinnperspektive des Faches Pädagogik – Wie macht Pädagogikunterricht heute Sinn?

Aus der Perspektive der gesellschaftlichen Thematisierung von Erziehung:

Die Zeiten der großen utopischen Entwürfe sind vorbei, aber auch die postmoderne Beliebigkeit hat ihren Höhepunkt überschritten. Es mehren sich die Stimmen, die eine Neuorientierung im Bereich der Erziehung fordern, analog zur Forderung Becks, das Politische neu zu erfinden (vgl. Beck 1993).

Das Thema Erziehung hat Hochkonjunktur – dies sowohl im positiven wie auch im negativen Sinne.

In den Massenmedien bestimmen die Bilder von jammernden Lehrern, schlechten Schulen und gewalttätigen Kindern und Jugendlichen die Diskussion. Oft wird dieses Katastrophenszenario gekoppelt mit der Forderung nach mehr und strengerer Erziehung. Hier zwei typische Zitate aus dieser breiten Koalition der Erziehungskritik, die sich quer durch die politischen Lager zieht:

„Die Abwehr des Rechtsextremismus ist eine Aufgabe für alle. [...]Das Ideal der ‚antiautoritären Erziehung' hat nicht nur Reste vom Kadavergehorsam beseitigt, die Emanzipationspädagogik hat zugleich auch die Tugenden des Kompromisses und der Solidarität in Frage gestellt. Sie hat unversehens individuelles Wohlleben, Rücksichtslosigkeit und Egoismus auf den Thron gesetzt. Die Folgen zeigen sich nun: vom rücksichtslosen Spekulantentum in Banken, Unternehmen – Gemeinwirtschaft und Gewerkschaften eingeschlossen – bis hin zur Gewalt im Fernsehen, in der Schule und bis zur Gewalttat solcher, die nie lernen konnten, sich einzufügen, weil sie keine Chance hatten, echte Gemeinschaft zu erleben. Uns allen stellen sich deshalb die Fragen: Was ist in unserer gesellschaftlichen Erziehung falsch gelaufen? Was müssen wir tun, um die Fehlentwicklungen zu überwinden?" (Helmut Schmidt, 1993)

„Die als Nazis kostümierten Kids, die so schrecklich normale Monster sind, weisen auf Schwächen hin, die jedem Lehrer und Erzieher und allen Eltern geläufig sind: Sie gehören einer verlorenen Generation an, die sich selbst (und der Glotze) überlassen blieb. [...] Niemand hat ihnen je eine Grenze gezogen und sich als Vorbild angeboten: nicht die Eltern und nicht die Verwandten, weder die Nachbarn noch die Freunde, erst recht nicht Lehrer, Ausbilder oder Vorgesetzte." (Claus Leggewie, 1993)

Empirisch ist solchen Thesen längst entgegengehalten worden, daß das Gros der Täter vielmehr außerordentlich autoritär erzogen wurde und viele Täter selbst Opfer gewaltsamer Erziehungsakte waren.

Erziehungstheoretisch läßt sich die monokausal reduzierte, lineare Argumentationskette widerlegen. *„Erziehung erscheint in dieser Diskussion als quasi kausal-deterministischer Akt, mittels dessen bestimmte Persönlichkeitstypen nach Belieben zu produzieren wären. [...] Es läßt sich dann allenfalls noch plausibilisieren, daß **Erziehung** lediglich eine **intervenierende Variable**, aber keinesfalls die **unabhängige Variable** im Entstehungsprozeß von Rechtsextremismus oder -radikalismus ist."* (Merten 1993, S. 139f.) Erziehung kann weder im guten noch im schlechten Sinne Verhalten schlicht erzeugen. Die Abkehr vom pädagogischen „Machbarkeitswahn" (Dollase) ist überfällig. Möglichkeiten und Grenzen der Erziehung müssen realistisch bestimmt werden.

Trotzdem – und dies ist die positive Seite der Debatte – gilt es, diese intervenierende Variable Erziehung kritisch zu untersuchen: Wo trägt familiale und institutionelle Erziehung ein Mosaiksteinchen zur „Produktion" extremen Verhaltens bei und welche präventiven, intervenierenden oder korrektiven Maßnahmen sind denkbar?

In der Fachöffentlichkeit hat das Thema Erziehung im positiven Sinne Hochkonjunktur. Nur zu Zeiten der großen Bildungsreform wurde ähnlich intensiv über Qualität von Schule, Schulautonomie und innere Schulreform diskutiert.

Die Nachfrage nach schulinterner und schulexterner Lehrerfortbildung zu erzieherischen Fragestellungen war noch nie so groß wie heute. Schulgesetze werden verabschiedet, die Schüler, Eltern und Lehrer mit der Notwendigkeit konfrontieren, ihre Schule neu zu denken.

Parallel zu dieser z.T. schon euphorischen Diskussion um Erziehung und Bildung läßt sich aber eine ständige Verschlechterung der materiellen Bedingungen im Bildungs- und Erziehungsbereich feststellen. Die neue Diskussion ist zu großen Teilen eben auch eine Spardiskussion.

Die Erziehungswissenschaft sieht sich als „Disziplin am Beginn einer neuen Epoche", so der Untertitel einer Veröffentlichung von Krüger/Rauschenbach. Die Autoren zeigen auf, daß die Erziehungswissenschaft zu einem der zehn größten Fächer im Wissenschaftssystem aufgestiegen ist. Ein Veröffentlichungsboom ist auch im Wissenschaftsbereich zu verzeichnen.

Die beruflich-pädagogischen Arbeitsfelder sind in einem enormen Ausmaß expandiert. Der Höhepunkt dieser Expansionswelle ist noch nicht überschritten (vgl. Helsper 1995, S. 17). Insgesamt kann von einer Pädagogisierung der Gesellschaft gesprochen werden, von einer Entgrenzung des Pädagogischen, mit allen damit verbundenen Problemen (vgl. Lüders u.a., 1995, S. 209 ff).

Aus der Perspektive der allgemeinen gesellschaftlichen Entwicklung läßt sich also feststellen, daß Erziehung z.Zt. als gesellschaftliches Schlüsselproblem wahrgenommen wird. Dies ist verbunden mit hohen Erwartungen und z.T. Überforderungen und Überbürdungen, aber auch mit einer größeren Wertschätzung für erzieherische Fragestellungen. Dies verdeutlicht z.B. die parteiübergreifende Werteinitiative '93 in Nordrhein-Westfalen.

Pädagogiklehrer können diesen Bedeutungszuwachs ihrer Disziplin positiv nutzen und das Fach offensiv, z.B. im Differenzierungsbereich der Sekundarstufe I vertreten.

Der Pädagogikunterricht hat die Chance, diesen Zuwachs an gesellschaftlicher Aufmerksamkeit zu nutzen und sich kritisch-konstruktiv an der Diskussion um ein neues Verständnis von Erziehung zu beteiligen, jenseits von Machbarkeitswahn, aber auch jenseits einer jammernden Klagehaltung.

Darüber hinaus gelten die zur Zeit der Einführung des Faches in den Fächerkanon der gymnasialen Oberstufe vorgebrachten Legitimationsaspekte in verstärktem Maße:
– Pädagogikunterricht leistet einen Beitrag zur Vorbereitung auf die zukünftige Elternrolle. Dies ist heute wichtiger denn je, da die Orientierungslosigkeit auf pädagogischem Gebiet eher zugenommen hat.

– Pädagogikunterricht bereitet auf ein enorm expandiertes erzieherisches Berufsfeld vor und leistet für alle Berufe, in denen Kommunikation und Kooperation eine große Rolle spielen, eine wichtige berufspropädeutische Funktion.
– Pädagogikunterricht in der gymnasialen Oberstufe leistet seinen fachspezifischen Beitrag zur Herstellung der Studierfähigkeit im Haupt- oder Begleitstudium der Erziehungswissenschaft an der Universität sowie in praxisbezogeneren Studiengängen an den Fachhochschulen.

Aus der Perspektive der veränderten Lebenssituation von Jugendlichen:

„Für diese Kinder der Risikogesellschaft ist so gut wie nichts sicher: nicht die Beziehung der Eltern, nicht die Luft, nicht das Wasser, nicht die Zukunft. Wie soll jemand, der so aufwächst, große Ziele haben und an mehr denken, als an sich selbst? Well, whatever. Nevermind."

So charakterisiert Thomas Huetlin im Spiegel special „Die Eigensinnigen. Selbstportrait einer Generation" das Lebensgefühl der Jugend in den Neunzigern.

Pluralisierung von Lebensverhältnissen, Entstrukturalisierung von Lebensläufen, rasante Technik-Entwicklung, Individualisierungsprozesse haben Jugendlichen viele neue Chancen, aber auch viele gewaltige Risiken in der Jugendphase beschert (vgl. Beck 1986, 1993). Für die Jugendphase gilt, daß sie selbst entstrukturalisiert ist und definitorisch immer schwerer abzugrenzen ist. Von Jugend kann ebenfalls nur im Plural gesprochen werden, da sich der gesellschaftliche Pluralisierungstrend in dieser gesellschaftlichen Teilgruppe verstärkt äußert und somit unterschiedliche Szenen, soziale Lagen und Milieus sehr unterschiedliche Chancen und Risiken beinhalten.

Im Zeitalter des Cyber-Space und dem Mythos einer erlebnis-hungrigen Gesellschaft zeichnen neue Studien den Jugendlichen als ‚Ego-Taktiker', der seine eigenen vier Wände nicht unbedingt verlassen muß, um auf der Datenautobahn Persönlichkeitsentwürfen nachzujagen (vgl. Janke/Niehues 1995).

Für Jugendliche in den Neunzigern ist nach Hurrelmann eine Verschärfung der *„...Ungleichzeitigkeit und Unausgewogenheit von sozialen Positionen und Rollen..."* (Hurrelmann 1994, S. 289) charakteristisch. Bei der Bewältigung der Entwicklungsaufgaben des Jugendalters (intellektuelle und soziale Kompetenz/eigene Geschlechtsrolle und Partnerfähigkeit/Fähigkeit zur Nutzung des Warenmarktes/ Entwicklung eines Normen- und Wertsystems) ist der Jugendliche in weitaus größerem Maße ganz auf sich selbst gestellt und die Frage, ob die Chancen oder Risiken der Postmoderne für ihn überwiegen, ist stark abhängig von der sozialen Unterstützung in der Familie und in der Schule und der Kompetenzentwicklung, die ihm in Familie und Schule ermöglicht wird. *„Jugendliche, die für die Wahrnehmung von Umweltbedingungen und eigenen Handlungsmöglichkeiten eine flexible und selbstreflexive Kompetenz entwickelt haben, sind denjenigen weit überlegen, die solche Selbststeuerungsfähigkeit nicht aufbringen."* (ebd.,S.235).

Die Fähigkeit zur Selbstreflexion, zur bewußten Entscheidung für Lebensalternativen wird in dieser gesellschaftlichen Situation immer wichtiger und muß von der Schule unterstützt werden. *„Denn die Lebensphase Jugend ist durch die Aufgabe definiert, eine Identität zu finden; die Aufgabe der Identitätsfindung aber ruft geradezu nach biographischer Selbstreflexion. [...] Wir vermuten, daß die bio-*

graphische Selbstreflexion der persönlichen Sinnstiftung und ihre Preisgabe der Vergewisserung des persönlich gestifteten Lebenssinns dient." (Meulemann/Birkelbach 1994, S. 447,467)

Pädagogikunterricht hat in diesem Sinne die Chance, einen verstärkten Beitrag zur individuellen Sinnstiftung als notwendiger Hilfe zur Persönlichkeitsentwicklung zu leisten. Die Förderung der Selbst- und Sozialentwicklung, der individuellen und sozialen Sinngebung, der kommunikativen und kooperativen Kompetenzen in einem Unterricht, der dies nicht nur theoretisch zum Thema macht, sondern vielmehr einen Erfahrungsraum dafür bietet, macht den Pädagogikunterricht zu einem notwendigen und attraktiven Bestandteil von Schule. Dies zeigen auch die nach wie vor hohen Anwahlzahlen in Nordrhein-Westfalen.

Aus der Perspektive einer sich neu denkenden Schule:

Der Begriff Schule steht hier stellvertretend für alle pädagogischen Institutionen. In der Schule ist sicherlich die Veränderungsnotwendigkeit besonders groß, aber in Universitäten, der Lehreraus- und fortbildung wird die Diskussion ebenso geführt. Der von Hentig'sche Buchtitel „Schule neu denken" taucht in allen pädagogischen Feldern wieder auf und dokumentiert einen Trendwechsel.

Die Bildungskommission NRW hat in ihrer Denkschrift „Zukunft der Bildung. Schule der Zukunft" (vgl. Bildungskommission NRW 1995) ihrer neu gedachten Schule die Bezeichnung „Haus des Lernens" gegeben. Lernen definiert die Kommission in einem sehr umfassenden Sinne. Neben dem Erwerb fachlicher Kompetenz stehen Identitätsfindung und soziale Erfahrung im Vordergrund. Lernen soll reflektiertes, problemorientiertes, selbstgestaltetes, dialogisches und lebenslanges Lernen sein. Zur Realisierung dieses umfassenden Verständnis von Lernen macht die Kommission eine Reihe von sehr weitgehenden schulreformerischen Vorschlägen, die hier nicht näher ausgeführt werden können. Der umfassende Lernbegriff ist aber für meine fachdidaktische Konzeption eine wichtige Orientierung.

Die Diskussion um Schulautonomie, Schulprofil, der Öffnung von Schule usw. macht es notwendig, daß gerade das Fach Pädagogik klären muß, welchen Beitrag der Fachunterricht Pädagogik zum Gelingen einer „guten" Schule beitragen kann. Die Pädagogiklehrerinnen und Pädagogiklehrer können aufgrund ihrer theoretischen und praktischen Qualifikationen einen wichtigen Beitrag zur Gestaltung des Schulprogramms ihrer Schule leisten und hierbei auch den besonderen Anteil von Pädagogikunterricht zu Schulprofil und Schulprogramm hervorheben (vgl. Böhm 1995, S. 11 ff.). In curricularer Hinsicht bietet das Fach Pädagogik viele Anknüpfungspunkte: Abgesehen von der inhaltlichen Thematisierung der Institution Schule, lern- und entwicklungspsychologischen Fragen, der Norm- und Wertefrage in der Erziehung, sind es vor allem die interaktionellen und praktisch-pädagogischen Kompetenzen, die in einem handlungsorientierten Unterricht gefördert werden können und die die praktische Ausgestaltung von Schulklima und Schulleben bereichern können.

In den vorliegenden Veröffentlichungen zum Thema Schulqualität (z.B.Philipp 1994) fällt auf, daß die Rolle, die Schüler in diesem inneren Reformprozeß spielen können, nur am Rande bedacht wird. Dabei ist die *„...Verantwortung der Schüler und ihre Teilnahme am Schulleben..."* (Mortimore 1994, S. 126) eine Schlüsselvariable in internationalen Schulqualitätsstudien.

Schülerinnen und Schüler müssen viel stärker beteiligt werden, wenn es darum geht, ihrer Schule ein Profil zu geben. Daß dies möglich ist, zeigen z.B. die prämierten Beiträge des Wettbewerbs der Deutschen Lehrer Zeitung „Mein Traum von Schule" (vgl. DLZ Nr.51 und 52/1994), die von einer Oberstufen-"Schulwandel-AG" bis hin zum gemalten Traumschulhof, gestaltet von einer 1. Klasse, reichen. Hier könnten Schüler, die das Fach Pädagogik gewählt haben, einerseits qualitativ fundierte Beiträge liefern und andererseits als Tutoren in jüngeren Klassen fungieren, wenn sie im Fach Pädagogik z.B. mit der Methode der Zukunftswerkstatt vertraut gemacht wurden.

Die Tutorenrolle ist grundsätzlich ein erzieherisches Handlungsfeld, in dem Pädagogikschülerinnen und -schüler mit Begleitung ihres Lehrers oder ihrer Lehrerin wichtige Erfahrungen machen können und zugleich einen wertvollen Beitrag zur Qualität der Schule leisten. In der Beratungslehrerausbildung des Landesinstituts für Schule und Weiterbildung in Soest gibt es Handreichungen, die bei der Ausbildung und Beratung von Tutoren hilfreich sein können (vgl. Gräber 1991); diese Trainingselemente sind durchaus in den Pädagogikunterricht integrierbar. Ob im Freizeitbereich einer Schule, in der Hausaufgabenhilfe oder in Gewaltpräventionsprojekten, Pädagogikschüler haben viele erzieherische Handlungsfelder vor sich. Die Schule als Erziehungs- und Erfahrungsfeld wird bis jetzt viel zu wenig genutzt. Wenn Schülerinnen und Schüler die Möglichkeit erhalten, das Erziehungsfeld Schule mitzugestalten, erleben sie ihre Schulzeit auch mehr als sinnvoll genutzte Lebenszeit und werden in ihren Fähigkeiten, soziale Verantwortung selbständig zu übernehmen real gefördert.

Darüber hinaus ist der jeweilige Pädagogikkurs ein erzieherisches Erfahrungsfeld, welches unterschwellig immer präsent ist, die dort ablaufenden interaktionellen Prozesse werden aber nur selten thematisiert. Dabei sind die dort gemachten Erfahrungen oft viel bedeutsamer für die Persönlichkeitsentwicklung der Schülerinnen und Schüler als nur theoretisch geführte Diskurse über erzieherische Fragestellungen. Behutsam geführte Metakommunikation über Lehrer- und Schülerrolle, Inhalts- und Methodenwahl, Umgang mit Konflikten im Kurs, Beziehungen zwischen Lehrer und Schülern, bzw. Schülern und Schülern, über Ziele des Unterrichts und leitende Werte, empirische Begleitung des Gruppenprozesses durch eine Prozeßanalyse usw. eröffnen wichtige Erkenntnisse und Erfahrungen, die für Schüler auch in andere, z.T. zukünftige erzieherische Handlungsfelder transferierbar sind.

Aus den unterschiedlichsten Gründen, z.B. auch aus einer erziehungstheoretischen Diskussion heraus (s. Kap. 1.3), ist die Betonung der „hier-und-jetzt-Dimension" in der Erziehung und in der Thematisierung von Erziehung in Bildungsprozessen von herausragender Bedeutung.

Pädagogikunterricht hat die Chance, einen relevanten Beitrag zur Gestaltung der Schule, zur inhaltlichen Diskussion um Schulprogramm und Schulprofil sowie zu einer betont erzieherisch sich neu denkenden Schule zu leisten.

Aus der Perspektive einer erneuten Diskussion um Allgemeinbildung:

Über Abitur, Schulzeit und Lehrerausbildung wird zur Zeit erregt diskutiert. Viele zentrale Forderungen der Reformdiskussion der 60er Jahre sind uneingelöst und damit immer noch aktuell. Man kann aber feststellen, daß sich aber eine Stagnation durch bildungspolitische und bildungsökonomische Blockadestrategien der großen Parteien eingestellt hat. Zentrale Entscheidungen, wie die der Schulzeitregelung, sind auf Eis gelegt.

Die Diskussion um allgemeine Bildung, Spezialisierung und Schlüsselqualifikationen betrifft nicht nur die gymnasiale Oberstufe und das Abitur, stellt sich aber dort mit besonderer bildungspolitischer Schärfe. Entscheidungen, die hier fallen, müssen gesellschaftliche Entwicklungen und ein zeitgemäßes Verständnis von Erziehung und Bildung in eine neue Balance bringen. Der wissenschaftliche Leiter des Oberstufenkollegs in Bielefeld hat hier in Anknüpfung an Hartmut von Hentig Perspektiven entwickelt, die, ausgehend von basalen Fähigkeiten der Studierfähigkeit und notwendiger Spezialisierung, Schlüsselqualifikationen fördern wollen (systemisches, vernetztes, flexibles und kreatives Denken, Kommunikations- und Teamfähigkeit usw.) und Bildung als Bildung der gesamten Persönlichkeit verstehen (vgl. Huber 1995, S. 34).

Hartmut von Hentig hat in seiner neusten Veröffentlichung zusammengefaßt, welche Maßstäbe er für die Bildung in der heutigen Zeit anlegen will: *„Abscheu und Abwehr von Unmenschlichkeit; die Wahrnehmung von Glück; die Fähigkeit und den Willen, sich zu verständigen; ein Bewußtsein von der Geschichtlichkeit der eigenen Existenz; Wachheit für letzte Fragen; und – ein doppeltes Kriterium – die Bereitschaft zu Selbstverantwortung und Verantwortung in der res publica."* (von Hentig 1996). Ich denke, daß die hier von mir vorgelegte fachdidaktische Konzeption aufzeigt, daß der Pädagogikunterricht gute Möglichkeiten hat, einen zentralen Beitrag zur allgemeinen Bildung der Schülerinnen und Schüler zu leisten.

Die Reform der reformierten Oberstufe in Nordrhein-Westfalen wird unter vier Leitgesichtspunkten (vgl. Acker 1996) vorangetrieben:
– Die Individualisierung des Lernens soll gefördert werden.
– Kooperation soll stärker betont werden.
– Fächerübergreifendes Lernen soll ermöglicht werden.
– Profilbildung im Kontext des Schulprogramms einer Schule soll neue Rahmenbedingungen schaffen.

Die Thematisierung von Pädagogik in Bildungsgängen kann diesen Ansprüchen im besonderen Maße gerecht werden. Dies soll in den weiteren Kapiteln nachgewiesen werden.

Gerade die neu entstandene Diskussion um Profilbildung macht es notwendig, dem Unterrichtsfach Pädagogik ein markantes Eigenprofil zu geben, um so besser über fächerübergreifende Lernperspektiven und Zusammenarbeit mit anderen Fächern im Rahmen der Profilbildung einer Oberstufe verhandeln zu können.

Pädagogikunterricht muß sicher in allen Bildungsgängen wissenschaftsorientiert sein. Inwieweit praxis- und handlungsorientierte Elemente dominieren, hängt vom jeweiligen Standort des Pädagogikunterrichtes ab – dies sieht in der Erzieherausbildung sicher völlig anders aus als in der gymnasialen Oberstufe. Eine auschließlich wissenschaftspropädeutische Schwerpunktsetzung in der gymnasialen Oberstufe würde aber zu einer abbilddidaktischen Vorverlagerung des Grundstudiums führen. Der problemzentrierte Planungsansatz (s. hierzu Kap. 1.6) ermöglicht es, ein ausgewogenes und transparentes Verhältnis von Wissenschafts- und Handlungspropädeutik zu gestalten.

Pädagogikunterricht hat die Chance, an gemeinsam ausgewählten, exemplarischen pädagogischen Schlüsselproblemen einen aktiven, kritischen Umgang mit Erziehungswissenschaft im Sinne eines forschenden Lernens zu praktizieren.

Gedanken-Spiel

(Zeichnung: Jules Stauber/CCC)

Vorgehensweise:

1. Was sehe ich?
   Stichpunktartig das Bild in allen Einzelheiten beschreiben.

2. Was fällt mir dazu ein?
   Schnellschreiben: In sechs Minuten alles, was zu dem Bild assoziativ im Kopf umhergeht, notieren.

3. Was sagt es mir?
   Die Assoziationen durchgehen und das mir Wichtigste markieren oder unterstreichen. Dann einen kurzen Text schreiben, bei dem der erste und letzte Satz gleich ist.

(Zur Methode siehe Kapitel 2.2.1)

1.3 Subjektorientierung, Gleichheit und Differenz, dialogisches Verständnis von Erziehung, moderater Konstruktivismus und systemisches Denken: Neue Impulse für die Grundlegung guten Pädagogikunterrichts – Was ist mein Selbstverständnis?

Neben der Reflexion der aktuellen gesellschaftlichen Diskussion um Erziehung und Bildung in der reflexiven Moderne ist es für eine Neufundierung des Pädagogikunterrichts unerläßlich, sich intensiv mit dem Wandel des erziehungswissenschaftlichen Selbstverständnisses auseinanderzusetzen.

Vielfalt, Pluralität und Komplexität sind nicht nur Kennzeichen einer reflexiven Moderne, wie Beck sie als Soziologe skizziert.

Erziehungswirklichkeit, die „pädagogische Welt"(vgl. Benner/Tenorth 1996, S. 13), wird als plural, komplex und widersprüchlich gesehen. Sie kann nicht mit einer Erziehungswissenschaft abgebildet werden. Vielmehr bedarf es geradezu einer Vielzahl von theoretischen Ansätzen und damit korrespondierenden wissenschaftlichen Methoden. Tenorth und Lüders gehen davon aus (vgl. Tenorth/Lüders 1994, S. 521 f.), daß „...*jede Wissenschaft theoretisch strukturiert ist, das Thema ihrer Erkenntnis und die Verfahren seiner Bearbeitung konstruktiv entwirft.*"(ebd. S. 522), Die Reflexion des „Referenzrahmens" erziehungswissenschaftlicher Theoriebildung ist damit von zentraler Bedeutung (vgl. König 1996, S. 223 ff.). Dies gilt auf einer anderen Ebene genauso für die Fachdidaktik bzw. alltägliche Unterrichtsplanung als Konstruktion von Lernwelten, in denen Erziehung thematisiert wird.

Orientierungs-Punkt

„Niemand von uns kann über seine Lebensumstände beliebig verfügen, aber wir sind frei, diese Begrenzungen zu erkennen, um - stets Objekt und Subjekt zugleich - die Subjektanteile zu vermehren und zu erweitern. [...] Wenn als Richtung all dieser Bemühungen um Orientierung und Selbsterweiterung ‚Bildung zum Subjekt' angegeben wird, dann steht der Subjektbegriff als Chiffre für freiheitliches Fühlen, Denken, Wollen und Handeln, selbständige Entscheidungen. Er steht für Widerständigkeit, Selbstbewußtheit und weitgehend selbstbestimmte Verfügung über Lebensaktivitäten. Es ist ein kämpferischer Begriff der Selbstermächtigung, gerichtet gegen die ausschließliche Funktionalisierung des Menschen für die Belange des Marktes. Zugleich soll deutlich werden, daß Subjektivität Beziehungsfähigkeit voraussetzt.
Sie ist anderen Zielen verpflichtet als der rigiden Selbstdurchsetzung im alltäglichen Konkurrenzkampf. Sie bedarf, um zustande zu kommen, der solidarischen Wertschätzung durch andere ebenso wie der eigenen Offenheit für fremdes Leid."

(Erhard Meueler, Die Türen des Käfigs. Wege zum Subjekt in der Erwachsenenbildung, Stuttgart 1993, S. 8; Erhard Meueler, geboren 1938, lehrt als Professor für Erwachsenenbildung am Pädagogischen Institut der Universität Mainz, wichtige weitere Veröffentlichungen: „Wie aus Schwäche Stärke wird", 1987, „Erwachsene lernen", 1991)

1. Aus welchem Kontext kommt die Argumentation?

2. Was ist die persönliche Botschaft für mich?

3. Was kann ich für meinen Arbeitszusammenhang damit anfangen?

1.3.1 Subjektorientierung

Erhard Meueler (s. S. 30) hat hier sein Verständnis von subjektorientierter Bildung deutlich gemacht, welches das Subjekt immer in seiner Beziehung zum Objekt sieht und sein Eingebundensein in objektive Zusammenhänge berücksichtigt. Er läuft so nicht Gefahr, einem neuen frei schwebenden Ich-Kult zu frönen, welcher die Schattenseiten der Individualisierung ignoriert. Mit seinem Anliegen, den Lernenden einen Wechsel von belehrten Objekten zu Subjekten ihrer Lernprozesse zu ermöglichen, liefert Meueler auch für den Pädagogikunterricht eine wichtige Orientierung.

In allen Bereichen der Wissenschaften deuten sich seit dem Ende der 70er Jahre bahnbrechende neue Entwicklungen an. Beispielhaft seien hier die Veröffentlichungen von Fridjof Capra genannt, der in besonderem Maße das „neue Denken" verkörpert (Capra 1987). Neurobiologie, Systemtheorie, Chaosforschung, Konstruktivismus und Evolutionstheorie formulieren neue Erkenntnisse über vernetzte Systeme, chaotische und stabile Prozesse, Gesetzmäßigkeiten evolutionären Wandels, denen universelle, gesellschaftliche und individuelle Systeme folgen und vor allem die radikal konstruierende Perspektive des erkennenden Subjekts.

Die theoretische Grundlegung eines guten Pädagogikunterrichtes muß den Paradigmenwechsel, der sich in den Bereichen der Lerntheorie, der Sozialisationsforschung, der Entwicklungspsychologie und zunehmend auch der Erziehungswissenschaft vollzogen hat und immer noch vollzieht, berücksichtigen. Dieser Paradigmenwechsel läßt sich mit dem Begriff **Subjektorientierung** auf den Punkt bringen.

Entwicklungspsychologie und pädagogische Anthropologie widmen sich seit einiger Zeit dieser subjektorientierten Sichtweise. So faßt Rolf Göppel die neue Forschungslage folgendermaßen zusammen: *„In den letzten Jahren haben eine Vielzahl gesicherter Befunde über Wahrnehmungs-, Diskriminierungs- und Interaktionsfähigkeiten das Bild des Säuglings völlig verändert. [...] Die neueren Forschungsergebnisse zeigen ein von Geburt an aktiv realitätsverarbeitendes Kind. [...] Pädagogische Anthropologie hat den Menschen als Kind, als sich entwickelndes, sich selbst bildendes Wesen zum Gegenstand"* (Göppel 1994, S. 247, 259).

Der Entwicklungspsychologe Daniel Stern (vgl. Stern 1994) zeigt mit akribischer Empirie auf, wie sich schon im ersten Lebensmonat erste Ansätze eines „auftauchenden Selbst" zeigen, die sich im weiteren Verlauf zu immer differenzierteren und komplexeren Formen des Selbstempfindens ausdifferenzieren.

Der Sozialisationsforscher Klaus Hurrelmann hat diesen Paradigmenwechsel für die Sozialisationsforschung schon sehr früh in den Blick gerückt und den Sozialisationsprozeß als *„...produktive Verarbeitung der äußeren und inneren Realität"* (Hurrelmann 1993, S. 62ff.) gekennzeichnet. Er betont die aktive Rolle des Menschen, seine Handlungskompetenzen und Problemlösestrategien. Jegliches präventives und intervenierendes pädagogisches Verhalten mißt er daran, inwieweit es die individuellen Problemlösestrategien stärkt.

Seit der kognitiven Wende wird die Eigenaktivität des Lernenden in der Lernpsychologie auch dort in den Vordergrund gestellt. Piaget, Bruner, aber auch Rogers aus dem Bereich der humanistischen Psychologie haben Grundlagenarbeit geleistet.

„Möglicherweise werden zukünftig in der Lernpsychologie (relativ) selbstgesteuertes, kooperatives, problemlösendes und lebenslanges Lernen im Vordergrund stehen." (Edelmann 1993, S.425). Am radikalsten vollzog Klaus Holzkamp (Holzkamp 1993) die Wende zu einem subjektorientiertem Lernbegriff. In seiner dichotomen Gegenüberstellung von expansivem und defensivem Lernen verkennt er meiner Einschätzung nach aber genau die Fähigkeit des Subjekts, auch unter widrigen schulischen Umständen, die äußere Realität aktiv und kreativ zu verarbeiten.

Nach Döring (Döring 1992) kann man den Lernprozeß aus heutiger Sicht kennzeichnen als ganzheitlichen Vorgang, in dem der Mensch sich selbst innerlich umgestaltet und verändert. Ebenso wie Kopf, Herz und Hand an dieser individuellen Veränderung beteiligt sind, sind verschiedene Wege, Lernmethoden und Hilfsmittel, abgestimmt auf den jeweils einzelnen Menschen notwendig. Der Lernprozeß ist in der Regel spiralförmig organisiert, mit Erprobungs-, Wiederholungs- und Übungsschleifen.

Im Zusammenhang mit Umstrukturierungen in der Arbeitswelt fordern Bildungsexperten den Übergang von der belehrenden zur lernenden Gesellschaft (vgl.Kahl 1993).

Ebenso wie in der Wirtschaft soll ein neues Denken in die Schule eingeführt werden: *„Plan und Anweisung werden abgelöst von einem neuen Paradigma. Es heißt ‚Selbstorganisation'. [...] Ihren Siegeszug traten die Selbstorganisationstheorien in der Evolutionsbiologie an. Dann folgten die neuen Strukturtheorien, genannt Chaostheorie. Inzwischen ist überall in der Wirtschaft von Selbstorganisation die Rede."* (ebd., S.50).

Inzwischen fordern Spitzenmanager aller großen Konzerne von den Schulen die Förderung von Teamfähigkeit, selbstgesteuertem, problemlösenden Lernen und vernetztem Denken.

Im Themenheft „Guter, verantwortbarer Unterricht", der Zeitschrift Pädagogische Führung – einer Zeitschrift für Schulleitung und Schulberatung – entwickelt Theo Hülshoff (Hülshoff 1991, S. 64ff.) ein Bild guten Unterrichts, in dem der Unterricht sich weg von der reinen Wissensvermittlung hin zur Persönlichkeitsbildung bewegt. Der Schüler wird hier nicht mehr als „Speicher für Unterrichtsinhalte", sondern als Problemlöser gesehen. Unter Rückgriff auf die Reformpädagogik empfiehlt er Schulleitern, in ihren Schulen ein Lernen zu ermöglichen und zu fördern, welches weitgehend selbstgesteuert läuft. Dabei nennt er als eine Voraussetzung, *„...die spannungsvolle, bewußte Konzentration auf [...] das Problem."*(ebd., S. 69). Die Fähigkeit, selbsttätig Probleme zu lösen und damit zu Selbsterkenntnis und Selbsterfahrung zu gelangen, steht für ihn im Vordergrund. (Zu problemzentriertem Lernen siehe Kapitel 1.6.)

Die Motivationspsychologie kennzeichnet schon lange mit dem Begriff der intrinsischen Motivation den Zusammenhang zwischen Selbstbestimmung und Motivation. Csikzentmihalyi hat in seiner Flow-Theorie die Bedeutung des subjektiven Erlebens für Spitzenleistungen eindrucksvoll dokumentiert und zusammen mit Ulrich Schiefele auch auf schulische Lernprozesse übertragen. *„Wir wissen, daß Kinder auf der ganzen Welt Freude daran haben, sprechen, gehen und spielen zu lernen sowie andere Fähigkeiten zu erwerben. Wir wissen ebenso, daß herausragende Mathematiker ihr Fach lieben, daß Dichter Lyrik und Historiker die Geschichte lieben. Diese Bereiche sind nicht von sich aus deprimierend und lang-*

weilig. Dennoch schaffen wir es, in jenen Jahren, die zwischen dem Enthusiasmus der Kindheit und dem Enthusiasmus des Expertentums liegen, das Interesse so vieler Menschen zu verlieren. Eine langweilige akademische Bildung ist Verschwendung der wertvollsten Ressource, die wir besitzen – nämlich menschliches Erleben. Es gibt keinen Grund, warum dies so bleiben sollte und es gibt viele Möglichkeiten, die Situation zu ändern." (Csikszentmihalyi/Schiefele 1993, S. 207).

Die Autoren haben in ihren empirischen Studien Bedingungen dafür herausgestellt, daß so etwas wie ein Flow-Erlebnis sich in schulischen Lernprozessen einstellt. Ein zentrales Merkmal bestand in der sehr persönlichen Zuwendung zum Schüler, seinen Fähigkeiten und Interessen. Ein weiteres Merkmal bestand im Modellverhalten des Lehrers – in diesem Fall eine ansteckende Wirkung des Flow-Erlebnisses des Lehrers.

Übertragen auf Pädagogikunterricht läßt sich feststellen, daß gerade dieser Bereich nicht deprimierend und langweilig ist, daß wir dann aber an der Ressource des individuellen Erlebens auch ansetzen müssen.

Friedemann Maurer (Maurer 1990) sieht im Vorgang des Lernens einen *„...fortlaufenden Prozeß der Individualisierung des Subjekts.."* (ebd., S. 14) und wirft der Pädagogik und Didaktik vor, dem Umstand, daß Erziehung und Unterricht subjekthaft und lebensgeschichtlich vermittelt sind, kaum Rechnung zu tragen.

Pestalozzi beschrieb den Menschen 1798 als Produkt der Natur, der Gesellschaft sowie seiner selbst. Im Verlauf der Wissenschaftsgeschichte wurden diese drei Aspekte jeweils sehr unterschiedlich gewichtet. Es ist kein Zufall, daß in Zeiten fortgeschrittener Individualisierung der Mensch als Produkt seiner selbst stärker in den Vordergrund rückt. Die postmodernen Klischees vom Tod des Subjekts und vom Ende der Erziehung konnten nur durch die Ausblendung mindestens einer dieser Komponenten entstehen (vgl. Meyer-Dräwe 1996).

Die Diskussion um Subjektorientierung in der allgemeinen Didaktik hat eine lange Tradition. Erik Adam zeigt in seiner historisch-systematischen Arbeit zur Kategorie Subjekt in der Didaktik (Adam 1988) auf, wie seit dem Zeitalter der Aufklärung das Dilemma der Erzeugung von Mündigkeit mit entmündigenden Methoden in das Bewußtsein von Didaktikern gerückt wurde, von diesen aber nie aufgelöst werden konnte. Für Adam ist Subjektorientierung *„...der Stachel in der Pädagogik, der trotz aller gutgemeinten Veränderungsversuche immer wieder spürbar wird – in der gegenwärtigen Situation besonders."* (ebd. S. 11). Eine Lösung dieses Dilemmas ist für Adam nur *„...auf der Grundlage einer radikalen Umformulierung der Stellung des Schülers im Bildungsprozeß möglich."* (ebd. S. 20).

Erich Weniger hat diesen Versuch bereits in den 30er und in den 50er Jahren unseres Jahrhunderts unternommen: *„... Menschen müssen in der Erziehung angesprochen werden, mit ihnen muß in der erzieherischen Begegnung ein lebendiger Kontakt hergestellt werden. Infolgedessen sind auch die erzieherischen Methoden keine bloßen Techniken, keine bis ins einzelne festgelegten Verfahrensweisen, sondern Formen menschlicher Begegnung, variabel nach Zeit, Ort, Individualität, Situation, Stimmung der Beteiligten. Auch der Unterricht als Teil der Erziehung ist keine Technik, sondern er vermittelt auch in seinen elementarsten Vorgängen und Verfahrensarten Geistiges, über das nicht bloß technisch verfügt werden kann, Sinnzusammenhänge in der Sprache, Erlebnisweisen, For-*

men menschlicher Begegnung." (Weniger 1959, S. 56, zit. in: Adam, S. 23 f.). Seiner Zeit hoffnungslos voraus, wie alle großen Bildungsreformer, charakterisierte er den schulischen Lernprozeß als *"...freien geistigen Verkehr zwischen Lehrer und Schüler"* (zit. in: Adam, S.21), die frei seien in ihrer lebendigen Subjektivität, *"...zu tun und frei zu unterlassen, zu hören oder nicht zu hören, frei auszuwählen und frei, aus geistigen Gründen, neuen Ereignissen und Erlebnissen gegenüber alle Erwartung, gegen ihre eigenen Voraussetzungen zu entscheiden, sich zu bekehren, sich zu verwandeln, zurückzuziehen oder wie man diese Äußerungen der Freiheit bezeichnen mag."* (Weniger 1952, S.12, zit. in: Adam, S. 21). Für Adam repräsentiert Horst Rumpf den zeitgenössischen Vertreter einer subjektorientierten Didaktik. Er formuliert, daß die vielfältigen Suchbewegungen nach neuen didaktischen Konzepten einen gemeinsamen Nenner haben: *„Ich nenne es PRÄSENZ, was da gesucht wird. Sie hat etwas mit dem Körper, dem Empfinden, der persönlichen Geschichte, dem Hier und Jetzt auch des Ortes zu tun, an dem die Menschen sind, also auch mit der Region. Von dieser Präsenz her kommt erfahrbarer Sinn ins Lernen – nicht von parlamentarisch optimal legitimierten Leitideen eines Curriculums. Und dieses Lernen von Präsenz, von Einwurzelung, von Erfahrung – das ist wohl zu einem großen Teil an bestimmte Bedingungen gebunden; es ist mit der räumlichen, zeitlichen, altersgemäßen, inhaltlichen Parzellierung des Lernens im Interesses seiner guten Administrierbarkeit kaum zu vereinen."* (Rumpf 1985, S. 63).

Hier spricht Rumpf den neuralgischen Punkt an, an dem sich die Geister scheiden.

An dieser Stelle kann man entweder dem staatlichen Schulsystem per se seine Reformierbarkeit absprechen und die Hoffnung auf „freie" Schulen setzen oder man lotet – allerdings illusionslos – aus, welche Spielräume für subjektorientierte Bildungsprozesse vorhanden sind und wie sich Spielräume erweitern und Rahmenbedingungen verändern lassen.

Subjektorientierung in gesellschaftlich organisierten Lernprozessen ist immer an Bildungsaufträge, institutionelle Bedingungen und das Selbstverständnis der am Bildungsprozeß Beteiligten gebunden. Selbst unter zentralistischen Bedingungen läßt sich ein Bildungsauftrag nicht „schlicht vollstrecken" (s. Graphik S. 35). Alle diese Elemente stehen in Wechselbeziehungen und sind ihrerseits eingebunden in weitere systemische Verflechtungen.

Bildungsaufträge, Institutionen und das Selbstverständnis von Lehrenden und Lernenden sind immer im Wandel begriffen, zur Zeit aber in einem besonderen Maße. Kliebisch und Fleskes stellen ihre Vorschläge zur Neugestaltung von Lernprozessen in den Gesamtzusammenhang einer sich neu denkenden Schule. Für den Unterricht fordern sie neben einem signifikanten, fächerübergreifenden Lernen in erster Linie eine *„radikal erweiterte Schülerzentrierung"* (vgl. D. Fleskes/ U. Kliebisch 1995, S. 14 ff.).

„Heranwachsende, die in dem beschriebenen Sinne ihre schulischen Lernprozesse mitverantworten, werden sich zu selbst-bewußte(re)n, ich-identische(re)n Persönlichkeiten mit einer ausgeprägten Fähigkeit zu kritisch-konstruktivem Engagement entwickeln. Dies wiederum wird sie dazu befähigen, immer stärker auch die kompetente Auswertung durchlaufener Lernprozesse mitzugestalten und damit langfristig in einem umfassenden Sinne vom eher nachvollziehenden sekundären Subjekt zum mitbestimmenden primären Subjekt von Unterricht und damit zu handlungsfähigen und sachkundigen Partnern der Unterrichtenden zu werden."

Lineares, statisches Konzept:

Vernetztes dynamisches Konzept:

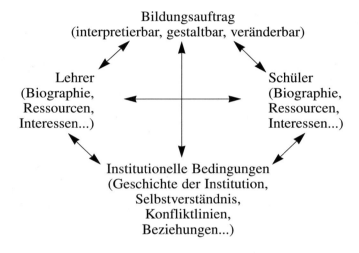

(ebd. S. 16). Konsequent subjektorientierte Modelle allgemeiner Didaktik wurden in den letzten Jahren von Ingrid Lisop und Richard Huisinga (Lisop, Huisinga 1994) und Edmund Kösel (Kösel 1995) vorgelegt.

Lisop und Huisinga haben für den Bereich der beruflichen Bildung ein Modell subjektorientierter Bildung entwickelt, in dem die Kategorie Arbeit eine zentrale Rolle einnimmt. Unter Rückgriff auf Arbeiten von Oskar Negt bzw. Negt/Kluge, Holzkamp und Klafki werden exemplarische Bildungssituationen gesucht, die für die Bildung des Subjekts bedeutsam werden können (s. auch S. 57). *„Das Exemplarische zielt demnach immer auf Ganzheitlichkeit. Diese betrifft den ganzen Menschen (Körper, Seele, Geist; Denken, Fühlen, Handeln) wie das Ganze der Wissenschaften und über die Frage der Sinnhaftigkeit auch das Ganze des Lebens. [...] In der Subjektbildung geht es um die Entwicklung und Entfaltung von Drei-Einheiten, die ein Ganzes ergeben, das wir aus didaktischer Sicht mit Konkreszenz bezeichnet haben. Wissen, Können und Einstellungen, die mit Subjektbildung einhergehen, betreffen immer Spezielles und Allgemeines und sind so gleichfalls auf Ganzheiten bezogen."* (Lisop, Huisinga, S. 148 ff.). In diesen prägnanten, exemplarischen Punkten sind gesellschaftliche Vermitteltheit und psychodynamische Faktoren implizit enthalten und können im Bildungsprozeß entfaltet werden. Lernprozesse werden von den Autoren als spiralförmige Lehr- und Lernvorgänge begriffen, die ihren Ausgangspunkt immer in den individuellen Eingangsvoraussetzungen der Lehrenden und Lernenden haben, ihren Bezügen, ihren bis dahin erreichten Selbst-, Sach- und Sozialkompetenzen, den „Verknotungen" von Biographie und Geschichte, der Einheit von individuellem Lebenszusammenhang und gesellschaftlichen Rahmenbedingungen. Aus dieser Phase der Konfrontation entwickeln sich Entfaltungs- und Verdichtungsprozesse, die schließlich in Übung und Anwendung münden und wiederum ein neues Niveau einer anschließenden weiteren Spiralbewegung ermöglichen.

Während dieses Modell der Subjektorientierung eher aus einem Kontext von kritischer Theorie entwickelt wurde, versucht Edmund Kösel (Kösel 1995) seine SUBJEKTIVE DIDAKTIK aus dem radikalen Konstruktivismus, der Systemtheorie und der humanistischen Pädagogik zu entwickeln. *„Die SUBJEKTIVE DIDAKTIK legt einen systemischen Ansatz zugrunde. Dieser Ansatz begreift die Menschen und Institutionen, die sich am Unterricht beteiligen, als handelnde Subjekte in einem bestimmten Milieu und kommt von dort aus zum Konzept eines geschlossenen Systems, in dem das einzelne Subjekt handelt. [...] Ausgehend von der grundlegenden Position des Strukturdeterminismus und der Autopoiese lebender Systeme ist ein Input-Output-Denken, bei dem vorausgesetzt wird, daß jeder Lernende alles lernen könne, nicht mehr denkbar. Entsprechend der veränderten Sichtweise müssen Lernen und Lernorganisation ausschließlich vom Standpunkt des jeweils lernenden Subjekts aus gesehen werden. Es geht darum, die aus der Lebensgeschichte des Einzelnen stammende biographische Struktur und Dynamik zu erkennen, zu verstehen und zu akzeptieren."* (Kösel, S. 39 f.). An diesen subjektiven Ausgangs- und Bezugspunkten sollen spiralförmige Lernprozesse anknüpfen, die Ich-, Wir- und Sachkomponenten in eine Balance bringen. Hierbei geht der Autor davon aus, daß sich sehr unterschiedliche individuelle Entwicklungslinien des Lernens ergeben, die den Gesetzen der Selbstorganisation, Selbstdifferenzierung und Selbstreferentialität folgen. Diese individuellen Lernverläufe nennt Kösel in Anschluß an Waddington Chreode. *„Das Lernen von **Chreoden-Denken** dürfte für eine zukünftige Didaktik wohl eine der Hauptaufgaben werden: Verstehen lernen, wie Menschen sich ihre eigene Gestalt geben, und lernen, wie Menschen ihre eigene Lern-Chreoden entwickeln."* (ebd., S. 251). Der komplexe Ansatz von Kösel kann hier nur in seinen Konturen angedeutet werden. Dort wo er Anregungen für den Pädagogikunterricht enthält soll erneut auf ihn zurückgegriffen werden. Hier ziehe ich aber moderate Varianten des Konstruktivismus und der Systemtheorie vor, auf die ich später eingehen werde.

In der Lehrerausbildung in NRW ist die Kategorie Subjektorientierung zur Zeit zu einem zentralen Leitbegriff für überfällige Reformen geworden. Im allgemeinen Vorspann der zukünftigen Ausbildungsrichtlinien heißt es: *„Die bei der Neukonzeption der Ausbildungscurricula leitende Grundvoraussetzung, Ausbildung als Prozeß zu betrachten, dessen Subjekt der erwachsene Lerner mit seinen je unterschiedlichen Lernvoraussetzungen ist, versetzt die Ausbilderin und den Ausbilder in die Rolle der Prozeßhelferin und des Prozeßhelfers, die den individuellen Lernweg der Referendarin und des Referendars begleiten, stützen und optimieren."* (Knöpfel u.a., o.J., S. IV f.). Lernen, in diesem Fall der Referendarinnen und Referendare, wird als selbstgesteuert angesehen, der Formulierung nach dem höchstmöglichen Maß an Subjektorientierung. Solange sich aber die institutionellen Bedingungen, z.B. Prüfungsrituale und Bewußtseinsstände von Ausbilderinnen und Ausbildern nicht in diese Richtung ändern, muß bei Referendarinnen und Referendaren, die sich mit institutionellen Bedingungen konfrontiert sehen, die sie z.T. als stark fremdbestimmend erleben, in denen sie eine starke Abhängigkeit von Fach- und Seminarleitern erleben, sehr befremdend wirken. Vom Ansatz her sind diese Reformbestrebungen zu unterstützen. Wie soll schließlich ein auch subjektorientierter Pädagogikunterricht zustande kommen, wenn die Referendarinnen und Referendare sich in ihrer Ausbildung nicht als Subjekte ihrer Ausbildung begreifen können. Wichtig ist hier, zu erinnern, daß im Verständnis von Meueler der Lernende immer in der Dialektik von Objekt und Subjekt zu sehen ist. Gänzlich infragegestellt werden diese grundsätzlich sehr positiven Reformansätze durch bildungspolitische Pläne, der Verwertbarkeit der Arbeitskraft von Referendarinnen und Referendaren Vorrang vor Ausbildung einzuräumen. Dementsprechend ist die Gefahr groß, daß die Kategorie Subjektorientierung und alle damit verbundenen positiven Bemühungen, die Lehrerausbildung zu reformieren, pauschal diskreditiert werden. Ohne eine realistische, die verschiedenen dynamisch vernetzten Bedingungselemente berücksichtigende, Analyse der Ausgangsbedingungen bleibt die Forderung nach Subjektorientierung verbalradikal. In vielen Fällen wäre es erst einmal ein Fortschritt, Transparenz und Partizipation in der Ausbildung sicherzustellen und dann Möglichkeiten selbstgesteuerten Lernens zu entwickeln.

Erhard Meueler formulierte sein Verständnis von Subjektorientierung für den Bereich der Erwachsenenbildung. Auch wenn das Verhältnis von Subjekt- und Objektanteilen in der Institution Schule sicher eine andere Gewichtung erfährt, möchte ich diesen Grundgedanken als Leitidee auch für den Pädagogikunterricht übernehmen. Die didaktische und methodische Gestaltung des Pädagogikunterrichtes sollte also daran ausgerichtet werden, wie der Schüler in seiner Subjektrolle gestärkt und Raum für individualisierte Lernprozesse vergrößert werden kann.

Orientierungs-Punkt

„Freiheit, Gleichheit, Brüderlichkeit war der Schlachtruf der Moderne. Freiheit, Verschiedenheit, Toleranz ist die Waffenstillstandsformel der Postmoderne. Und wenn Toleranz in Solidarität umgewandelt wird, kann sich Waffenstillstand sogar in Frieden verwandeln."

(Zygmunt Bauman, Soziologe, zit. nach: DIE WOCHE v. 25.5.1995, S. 1)

1. Aus welchem Kontext kommt die Argumentation?

2. Was ist die persönliche Botschaft für mich?

3. Was kann ich für meinen Arbeitszusammenhang damit anfangen?

1.3.2 Gleichheit und Differenz

Eine notwendige Ergänzung und Präzisierung erfährt die Perspektive der Subjektorientierung durch ein neues erziehungswissenschaftliches Paradigma, welches vor allem von Ulf Preuss-Lausitz (Preuss-Lausitz 1993) und Annedore Prengel (Prengel 1995) in die Diskussion eingeführt wurde: die Pädagogik der Vielheit bzw. Vielfalt.

Entwickelt wurde dieses erziehungswissenschaftliche Konzept vor dem Hintergrund pädagogischer Bewegungen in den Bereichen der interkulturellen, feministischen und integrativen Pädagogik. Genau wie jeder Mensch immer in einer dialektischen Subjekt/Objekt-Spannung lebt, ist die Spannung von Gleichheit und Differenz konstitutiv für jedes Individuum und sein Verhältnis zu den Anderen. Jeder Mensch weist eine innerpsychische Heterogenität auf und gleichzeitig ein Quantum an Gleichheit – hieran wird der Begriff Identität festgemacht. Nun ist Identität immer etwas prozeßhaftes, unser Selbstbild ist ständigen Wandlungsprozessen unterworfen – Identität als statische Größe der permanenten Gleichheit ist nur im Tod denkbar.

Der Andere ist per se die Verkörperung der Differenz. Sein Anderssein ist nur begrenzt nachvollziehbar. Jeder Mensch ist aber zugleich Träger universeller Menschenrechte und somit ein Gleicher.

Die Subjektorientierung der humanistischen Pädagogik muß also ergänzt werden durch die Dimension eines politischen Humanismus, der universelle Menschenrechte, also z.B das Recht auf Gleichheit wie auch das Recht auf Differenz als Grundlage auch für das pädagogische Verhältnis ansieht.

Klaus Dörner betont in seinen Ausführungen zur Neuformulierung eines Menschenbildes für die Psychiatrie, daß man gerade an schwerstbehinderten Menschen deutlich machen kann und muß, daß sie Symbol für die selbstverständliche Gleichheit aller Menschen sind – als Wesen, die auch ständig im Wandel begriffen sind –, damit auch entwicklungsfähig, auf mitmenschliche Zuwendung angewiesen sind wie wir alle, daß sie emotionale Wesen sind und in erster Linie, wie wir alle, soziale Wesen. Da es zudem nicht den völlig behinderten oder den völlig unbehinderten Menschen gibt, können wir uns alle als Träger gleicher Würde und different in unserer einmaligen Ausprägung von Persönlichkeit begreifen. Die „Aussonderung" und Vernichtung von abweichenden oder randständigen Menschen, von den Nationalsozialisten fabrikmäßig betrieben, macht die politische Bedeutung des Rechtes auf Gleichheit und des Rechtes auf Differenz deutlich.

In diesem Sinne wird Erziehung auch wieder in einen politischen Zusammenhang gestellt, den Adorno 1966 in seinem Vortrag „Erziehung nach Auschwitz" in Erinnerung rief: *„Die Forderung, daß Auschwitz nicht noch einmal sei, ist die allererste an Erziehung."* (Adorno 1969, S. 85). In diesem Kontext fordert Adorno eine Wendung auf das Subjekt, eine Wendung zur kritischen Selbstreflexion.

Die rechtsextremen Gewaltexzesse der letzten Jahre in Deutschland bestätigen die Aktualität dieser Forderung. Im „Jahrbuch für Pädagogik 1995" wird unter dem Titel „Auschwitz und die Pädagogik" an die spezifisch deutsche Hypothek der Erziehungswissenschaft erinnert.

Louis Begley, der als jüdisches Kind den Holocaust nur dank gefälschter Papiere überlebte und heute als prominenter Anwalt und Romanautor in New York lebt, macht für die weltweit existierende menschenvernichtende Gewalt in erster

Linie die Unfähigkeit, Fremdes – Differentes – zu akzeptieren, verantwortlich. *„Eines scheint mir sicher: Unrecht und Gewalt gegen den anderen, gegen den Fremden, und unsere Gleichgültigkeit, mit der wir bereitwillig wegsehen, wurzelt in unserer Unfähigkeit, die dem Fremden eigene Menschlichkeit im wahrsten Sinne des Wortes wiederzuerkennen. Wir sehen wohl – und schätzen gewöhnlich wenig – alles Fremde im anderen, alles, was ihn von uns und unserer Art unterscheidet: Hautfarbe, Sprache, Religion, Ideologie, kulturbedingte Eigenheiten. Wir nehmen diese unbequemen bis unangenehmen Merkmale zum Vorwand, das Gemeinsame zwischen uns und dem Fremden zu übersehen."* (Begley 1995, S. 186).

Die interkulturelle Pädagogik und die internationale Anti-Rassismus-Bewegung orientieren sich an der Parole: all different – all equal! Psychoanalytische und sozialisationstheoretische Untersuchungen führen rechtsextremistische Gewalttaten gegenüber Minoritäten immer auch darauf zurück, daß der Haß der Täter gegen sich selbst die zentrale Wurzel des Hasses gegenüber den anderen ist (vgl. van Dijk 1994). Achtung der Menschenwürde anderer hat ihre Bedingung in der Selbstachtung der Person. Annedore Prengel bezieht sich in ihrer Arbeit auf die sozialphilosophische Theorie der Anerkennung von Axel Honneth: *„Handlungsfähige Subjekte verdanken der Erfahrung der wechselseitigen Anerkennung die Möglichkeit, eine positive Selbstbeziehung auszubilden: ihr praktisches Ich ist, weil es nur aus der Perspektive der zustimmenden Reaktion von Interaktionspartnern sich selbst zu vertrauen und zu achten lernt, auf intersubjektive Beziehungen angewiesen, in denen es Anerkenung zu erfahren vermag."* (Honneth 1990, S. 1048).

Die Pädagogik der Vielheit knüpft an die dialogischen Pädagogik eines Martin Buber und Janusz Korczak an und stellt das Subjekt in einen intersubjektiven Kontext der Achtung und Verantwortung.

Im Kontext interkulturellen Lernens (vgl. Böcker/Ikelle-Matiba-Kohlhausen 1994, Milchert 1994) erhält eine Pädagogik der Vielfalt die Perspektiven der Befremdung, der Begegnung, der Biographie und des Konflikts. Jede Wahrnehmung kultureller Differenz löst zunächst einmal Befremdung aus. Je nach biographischem Kontext werden solche Differenzen unterschiedlich verarbeitet. In einem Arrangement der Begegnung können diese kollektiv differenten Deutungsmuster neugierig, interessiert und fragend zur Kenntnis genommen werden. Ambiguitätstoleranz und Konfliktfähigkeit sind basale Fähigkeiten in solchen Begegnungen.

Die Pädagogik der Vielfalt lenkt den Blick darauf, daß solche Prozesse der Befremdung, der Begegnung, des Konflikts nicht nur in interkulturellen Kontexten von Bedeutung sind, sondern grundsätzlich das Verhältnis Mensch/Mitmensch, Frau/Mann, Lehrerin/Lehrer/Schülerin/Schüler bestimmen und konstruktiv pädagogisch bearbeitet werden müssen. Das andere Subjekt, die Banknachbarin, ist mir zwangsläufig fremd, die Begegnung mit ihr verläuft auch konflikthaft abgrenzend, rivalisierend, evtl. konfrontativ, im ungünstigsten Fall gleichgültig. Die Dimension der Gleichheit muß neben der Dimension der Differenz oft erst pädagogisch erschlossen, ins Bewußtsein gerückt, Kooperation ermöglicht werden.

Daß die Diskussion um Gleichheit und Differenz eine eminent pädagogische ist, wurde auch dadurch deutlich, daß das Oberstufenkolleg Bielefeld sein 20jähriges Bestehen mit einem Kongreß feierte, der sich mit dem Recht auf Gleichheit und dem Recht auf Differenz auseinandersetzte. Ludwig von Friedeburg formulierte in seinem Referat das Fazit: *„Den besseren Zustand denken als den, in dem* *man ohne Angst verschieden sein kann."* (Friedeburg 1994, S. 17).

Die Bielefelder Laborschule ist sicherlich die Schule, an der die Rechte auf Gleichheit und Differenz bisher am konsequentesten umgesetzt sind. Dort wird Vielheit zum Schulprogramm gemacht, ohne äußere Differenzierung. Die Erfahrungen der Kinder mit Gleichheit und Differenz werden systematisch zum Thema gemacht, so z.B. in den Bereichen geschlechtsreflexive Pädagogik (Jungen und Mädchen), integrative Pädagogik (Leistungsstärkere und Leistungsschwächere) und interkulturelle Pädagogik (Inländer und Ausländer) (vgl. K.D. Lenzen, K.J. Tillmann 1996).

Benner und Tenorth schlagen in ihrem Beitrag in der „Zeitschrift für Pädagogik" 1/1996 vor, den Grundgedanken der Pädagogik der Vielfalt nicht nur für Minderheiten und benachteiligte Gruppen zu nutzen, sondern zum grundlegenden Leitmotiv einer modernen Erziehungswissenschaft zu machen, da Vielfalt und Pluralität universale Bedingungen modernen Lebens, pädagogischer Kontexte und individueller Identität geworden sind.

Orientierungs-Punkt

„Das Kind wird Subjekt der Begegnung, nicht Objekt der Prägung. Pädagogik wird von der Wissenschaft der Erziehung zur Wissenschaft über das Subjekt Kind. [...]

Die Erkenntnis von der zwar funktionalen aber nicht grundsätzlichen Asymetrie [...] zwischen Erwachsenem und Kind führt ihn zu dem pädagogischen Grundparadigma, daß in der Beziehung zwischen Erwachsenem und Kind prinzipiell von der Gleichwertigkeit auszugehen ist. Das Kind ist in seiner Gestalt und Erkenntnis zu achen, und es benötigt diese Achtung elementar zu seiner Entwicklung. Integraler Bestandteil einer Pädagogik der Achtung ist das Recht des Kindes so zu sein, wie es ist. Pädagogik muß sich von der Zielorientierung, der Instrumentalisierung des Kindes lösen und dem Kind seine eigenen Erfahrungen, auch die Gefahr seines Todes, zugestehen. Dies kann nur gelingen, wenn der heutige Tag nicht seine Legitimation durch das Morgen erfährt, sondern als Wert für sich stehen kann und Gültikeit hat. Das Recht des Kindes auf den heutigen Tag, ist die logische Konsequenz.

Korczak legt mit dieser Vorstellung von Erziehung keineswegs eine Antipädagogik vor, sondern eine schwierig zu gewährleistende Pädagogik der gleichwertigen Begegnung, des Dialogs und der wechselseitigen Lehre, des Diskurses. Pädagogik, so Korczak, hat sich frei zu machen von dem instrumentalisierenden Vorgriff auf die Zukunft, sondern eine alltäglich kommunikative Erfahrung des gelebten Lebens zu erstellen."

(Michael Langhanky, Die Pädagogik von Janusz Korczak, Neuwied 1993, S. 99, 104)

1. Aus welchem Kontext kommt die Argumentation?

2. Was ist die persönliche Botschaft für mich?

3. Was kann ich für meinen Arbeitszusammenhang damit anfangen?

1.3.3 Dialogisches Verständnis von Erziehung

Langhanky weist in seinem Buch auf die Aktualität der Pädagogik von Korczak und Buber hin. Beide gehen, allerdings in unterschiedlichem Maße und mit unterschiedlicher Konsequenz, vom Menschen und eben auch vom zu erziehenden Menschen als Subjekt aus, dessen Würde es von Anfang an zu achten gilt. Beide sehen den zu erziehenden Menschen als Anderen an, dessen Anderssein es zu akzeptieren gilt. *„Dieser Mensch ist anders, wesenhaft anders als ich, und diese seine Anderheit meine ich, weil ich ihn meine, ich bestätige sie, ich will sein Anderssein, weil ich sein Sosein will."* (Buber 1954, S. 76).

Klaus Dörner und Ursula Plog (Dörner/Plog 1996) gehen aus psychiatrischer Sicht, unter Bezugnahme auch auf Buber, noch einen Schritt weiter. Sie beschreiben die Begegnung mit dem Anderen immer auch als Begegnung mit einem „Gegner", der Unterschiedliches will, der auch nur sehr begrenzt verstanden werden kann. Der Satz „Ich verstehe Dich" wird von ihnen als Anmaßung und „Zum-Objekt-Machen" des Anderen verstanden. In ihren therapeutischen Überlegungen sehen sie zwar die Notwendigkeit der Subjekt-Objekt-Ebene, der Theoriebildung über den Anderen. Ziel ist aber das Erreichen der Subjekt-Subjekt-Ebene, da sie Therapie immer nur als Hilfe zur Selbst-Therapie ansehen.

Diesen Anderen kann man nur in einem intensiven Dialog, in einer gegenseitigen Beziehung, in einer „Umfassung" (Buber) erfahren, sich in ihm und durch ihn selbst verstehen und den Anderen dann im bescheidenen Ansatz verstehen, aber nie verplanen oder vorherbestimmen. In einer solchen umfassenden, dialogischen Beziehung ist nach Bubers Ansicht auch erst Selbstfindung möglich. Das Ich benötigt also für seine Selbstvergewisserung das Du. In diesem Kontext definiert Buber Erziehung: *„Das erzieherische Verhältnis ist ein r e i n   d i a l o g i s c h e s."* (Buber 1956, S. 39, Hervorhebung d. d. Verf.).

Die Beziehung zwischen Erzieher und Zu-Erziehendem ist für Buber so ausschließlich, daß er sie fast nur als Ich-Du-Beziehung denken kann.

An die Grenze des Dialogischen gerät Buber, wenn er Erziehung als „Auslese" durch den Erzieher begreift: *„Was wir Erziehung nennen, die gewußte und gewollte, bedeutet A u s l e s e   d e r   w i r k e n d e n   W e l t durch den Menschen; bedeutet, einer Auslese der Welt, gesammelt und dargelegt im Erzieher, die entscheidende Wirkungsmacht verleihen."* (ebd., S. 23, Hervorhebung d. d. Verf.).

Damit schränkt Buber die Gegenseitigkeit im Erziehungsprozeß ein, zugunsten der Macht und Verantwortung des Erziehers und entlastet den Zu-Erziehenden von der Aufgabe der eigenständigen Auseinandersetzung mit seiner Gegenwart und Zukunft. (vgl. Kemper 1990, S. 150, 165 ff.).

Korczak geht von dem selben Ausgangspunkt aus, zieht aber andere Konsequenzen.

Auch er sieht im Kind den grundsätzlich Anderen: *„Wir kennen das Kind nicht."*

Die spezifische Andersheit des Kindes war für ihn ein Geheimnis, welches nur ansatzweise durch genaueste protokollierte Beobachtung, durch intensive alltägliche Begegnung, durch ein dialogisches Verhältnis höchst indidviduell klärbar ist. Diese Andersartigkeit des kindlichen Subjekts zu achten, ist ihm wichtigstes Anliegen und daher formuliert er, neben dem Grundrecht des Kindes auf Achtung, drei weitere wichtige Rechte des Kindes:

„1. Das Recht des Kindes auf den eigenen Tod.
2. Das Recht des Kindes auf den heutigen Tag.
3. Das Recht des Kindes so zu sein, wie es ist." (Korczak 1967, S. 40)

Erziehung war für Korczak ein Akt der Begegnung und des Diskurses (vgl. Langhanky, S. 136). Erziehung wurde von ihm als wechselseitiger Akt begriffen, nach Normen, Zielen und alltäglichen Regeln, die für alle galten und von allen beschlossen wurden. In dem von ihm geleiteten Waisenhaus existierte ein kompliziertes System der Selbstverwaltung mit Kinderparlament und Kindergericht. Die Selbsterziehung des Erziehers, die Erziehung des Erziehers durch die Kinder (vgl. Schonig 1995, S. 87f.) und die gemeinsame Reflexion der Erziehungspraxis über die Medien Tagebuch, Zeitung und Aushang, die von Kindern, angehenden Erzieherinnen und Erziehern im Ausbildungsinternat, Erzieherinnen und Erziehern sowie Korczak selbst gleichberechtigt genutzt wurden, schufen den alltäglichen Versuch, Erziehung diskursiv zu gestalten. Korczak realisierte in seiner Praxis die Einheit von Selbstreflexion, kontemplativer Einfühlung, beobachtend-forschender Theoriebildung und diskursiver Praxis.

Mit dieser radikalen Theorie und Praxis seiner Erziehung verweist Korczak über Erziehung auf die gesellschaftlichen Rahmenbedingungen, unter denen sie stattfindet.

„Damit aber wird Erziehung bei Korczak nicht nur zu einer intergenerationellen Aufgabe, sondern darüber hinaus auch zu einem gesellschaftlichen Problem erklärt. Denn eine solche radikale, nicht-hierarchische Neubestimmung der Erziehungsaufgabe setzt voraus, daß der Dialog über die Grundfragen des Zusammenlebens der Menschen nicht auf das erzieherische Verhältnis zwischen den Generationen beschränkt bleibt, sondern prinzipiell auch auf alle anderen Bereiche des menschlichen Zusammenlebens ausgedehnt werden kann. Das dialogische Prinzip kann nämlich nur dann den entmündigenden Tendenzen der gesellschaftlichen Arbeitsteilung entgegenwirken und durch die Befähigung jedes einzelnen zu selbständigem und sozialverantwortlichem Denken und Handeln dazu beitragen, die bestehenden beruflich-sozialen und weltanschaulichen Gegensätze in der Gesellschaft zu überwinden, wenn dieses Prinzip nicht nur in der Erziehung, sondern für alle Bereiche des gesellschaftlichen Lebens gleichermaßen Geltung beanspruchen kann." (Kemper 1990, S. 168).

Eine dialogische Einstellung akzeptiert den Anderen als Anderen und billigt ihm eine andere Sicht auf die Dinge zu. Einen Dialog verläßt man anders als man ihn begonnen hat, statt Belehrung wird wechselseitige Lernfähigkeit vorausgesetzt. Ein erzieherischer Dialog muß, im Bewußtsein der grundsätzlich antinomischen Beziehung, so symmetrisch und reversibel wie möglich gestaltet werden.

Somit schließ sich der Kreis. Eine Bildung zum Subjekt erfordert zumindest Spielräume zur Entfaltung von Subjektivität. Diese Spielräume sind umso größer, wie sich das Recht auf Gleichheit und das Recht auf Differenz in der gesellschaftlichen Praxis, der Erziehungswirklichkeit und im Bewußtsein der Menschen durchsetzt. Eine Pädagogik der Achtung wiederum schafft in der Erziehungswirklichkeit die Voraussetzung für die Realisierung von Subjekthaftigkeit.

Tatsächlich wird die subjektorientierte Wende in der Erziehungswissenschaft aber nur zögerlich vorgenommen. Dies liegt auch daran, daß es seit jeher große Schwierigkeiten bereitet, sich auf einen klaren Begriff von Erziehung zu einigen.

„Nur mit Mühe und Not läßt sich eine Einigung auf die folgende Definition herstellen: Erziehung ist die soziale Interaktion zwischen Menschen, bei der ein Erwachsener planvoll und zielgerichtet versucht, bei einem Kind unter Berücksichtigung der Bedürfnisse und der persönlichen Eigenart des Kindes erwünschtes Verhalten zu entfalten oder zu stärken. Erziehung ist ein Bestandteil des umfassenden Sozialisationsprozesses; der Bestandteil nämlich, bei dem von Erwachsenen versucht wird, bewußt in den Prozeß der Persönlichkeitsentwicklung von Kindern einzugreifen – mit dem Ziel, sie zu selbständigen, leistungsfähigen und verantwortungsvollen Menschen zu bilden." (Hurrelmann 1994, S. 13).

So positiv diese Definition einerseits ist, als klare Positionsbestimmung für eine demokratische Erziehung, das Subjekt von Erziehung, der Mensch am Beginn seiner Entwicklung, Sozialisation und Erziehung taucht nur als in seiner Eigenart zu berücksichtigende Größe auf, also doch als Objekt der Erziehung. Der Erziehungswissenschaftler Otto Speck versucht, unter dem Einfluß der Chaos-Theorie, die Subjektorientierung auch für den Bereich der Erziehung zu formulieren:

„Das Kind macht sein autonomes Selbst geltend, seine Eigeninteressen, seine Sicht der Dinge. So gesehen ist Erziehung Angebot. Kinder werden (passiv) nicht erzogen, werden nicht gefördert, werden nicht be-handelt, werden nicht therapiert, sondern gehen aus dem Prozeß der Erziehung gemäß dem eigenen Ansatz, der ontogenetischen Eigengesetzlichkeit mit einem eigenen Resultat hervor. Erziehung ganz allgemein gesehen ist eine Auseinandersetzung zwischen dem autonomen System des Erwachsenen mit dem autonomen System des Kindes. Dabei werden auf beiden Seiten gemäß dem je eigenen Ansatz (System)Interessen ins Spiel gebracht: Auf Seiten des Erziehenden u.a. ‚erzieherische' – was auch immer darunter verstanden werden mag – und auf Seiten des Edukanden als eines Menschen, der sein Selbst unter ‚erzieherischem' Einfluß zu entfalten und seine Autonomie zu bewahren hat." (Speck 1991, S.112f.).

Bei allen Problemen, die der Erziehungsbegriff mit sich bringt, auf ihn ist nicht zu verzichten. So ist Ulf Preuss-Lausitz zuzustimmen, wenn er fordert, daß gerade in der heutigen gesellschaftlichen Situation sich ein Rückgriff auf reaktionäre „Mut zur Erziehung"-Konzepte, wie auch auf postmodern-beliebige Antipädagogik-Konzepte verbietet (vgl.Preuss-Lausitz 1993).

Erstaunlich ist, daß historische Anknüpfungspunkte für eine subjektorientierte Pädagogik so wenig genutzt werden. Michael Langhanky hebt hier Korczak besonders hervor.

Ohne daß dieser historische Bezug beim Namen genannt wird, finden sich aber in zahlreichen neuen Versuchen, eine „weiße" Pädagogik zu umreißen, Rückgriffe auf Korczak. Der Deutsche Kinderschutzbund proklamierte 1989, unterstützt durch ein Grundsatzreferat von Klaus Hurrelmann, auf dem Deutschen Kinderschutztag die Rechte der Kinder auf Achtung, Würde und Subjektivität (DKSB 1990) und machte auf die dafür notwendigen gesellschaftlichen Rahmenbedingungen aufmerksam. Hans-Dieter Schmidt (Schmidt 1992) formulierte ein entwicklungsorientiertes Verständnis von Erziehung, welches folgende Rechte des Kindes umfaßt:

– Das Recht des Kindes auf Entwicklung – Entwicklung wird hier auch subjektorientiert als Selbstentwicklung gesehen.
– Das Recht des Kindes auf Gegenwart

– Das Recht des Kindes auf Achtung – spätestens hier wird deutlich, daß eine sehr enge Orientierung an Korczak vorliegt.

„Pädagogisches Tätigsein bedeutet Achtung vor der Würde des Partners, emotionale Wärme der Beziehung, Tolerieren des Andersseins und das Gewähren von Freiraum; es darf nicht darauf hinauslaufen, Planziele durchzusetzen, Stoffe abzuarbeiten, Überlegenheit zu demonstrieren oder Macht auszuüben." (Schmidt, S. 19).

Dieses Fazit kann sehr gut übertragen werden auf den Pädagogikunterricht als eine besondere Form des pädagogisch Tätigsein. Im Jahre 1996 sind mehrere Veröffentlichungen erschienen, die versuchen, eine neue Pädagogik der Achtung zu formulieren.

Am direktesten unternimmt es Otto Speck (vgl. Speck 1996), auf einer sehr konkreten Ebene aufzuzeigen, wie eine achtende erzieherische Beziehung gestaltet werden kann. Im Anschluß an seinen oben zitierten Begriff von Erziehung skizziert er die Grundlegung der achtenden Beziehung im frühen Kindesalter, die Begleitung moralischen Reflektierens im Schulalter und grundsätzliche unterstützende pädagogische Möglichkeiten.

Josef Fellsches beschreibt in seiner neuen Veröffentlichung (vgl. Fellsches 1996) Erziehung als Hilfe zur Gewinnung von Lebenskunst – als dialogisches Fördern von Haltungen, die zum Gelingen eigenen Lebens beitragen und zugleich den Anderen und die Anderen empathisch, solidarisch und mit der Übernahme politischer Verantwortung in den Blick nehmen.

Günther Bittner entwirft aus psychoanalytischer Sicht eine Erziehungstheorie als Reflexion der Möglichkeiten von Subjektkonstitution und Erziehungspraxis als konkrete Hilfestellung zur Konstitution des Subjekts (vgl. Bittner 1996).

Orientierungs-Punkt

„Konstruktivistische Ansätze veranlassen Lehrende und Lernende, ihre epistemologischen Annahmen über den Prozeß und die Förderung des Wissenserwerbs zu überdenken. Um das Problem des trägen Wissens zu vermeiden, sollten sich Lernende nicht als passive Rezipienten von Wissen verstehen, sondern als aktive, selbstgesteuerte Lernende. Sie sollten zunehmend in der Lage sein, ihr Lernen selbst zu planen, zu organisieren, durchzuführen und zu bewerten. Lehrende sollten sich weniger als Vermittler, Präsentatoren von Wissen verstehen, sondern mehr als Mitgestalter von Lernumgebungen und Unterstützer von Lernprozessen. [...] Im Zusammenhang mit dem Erwerb von Fachwissen sollten Lernende aus konstruktivistischer Sicht lernen, (a) mit dem Wissen umsichtig und verantwortungsvoll umzugehen, (b) die Folgen von Wissen und Wissensanwendung zu reflektieren und abzuschätzen, (c) Erkenntnisse, sogenannte Tatsachen, aber auch gesellschaftliche Strukturen zu hinterfragen, (d) Ziele und Werte anderer Menschen und anderer Kulturen zu respektieren, (e) neben individuellen Belangen auch kollektive Aspekte miteinzubeziehen und (f) dabei stets ein Bewußtsein von Realität allen Wissens und Lebens generell aufrechtzuerhalten."

(Jochen Gerstenmaier, Heinz Mandl, Wissenserwerb unter konstruktivistischer Perspektive, in: Zeitschrift für Pädagogik 6/1995, S. 883. Die Autoren sind Professoren für Pädagogische Psychologie an der Universität München. Unter „trägem Wissen" verstehen die Autoren Wissen, welches nicht zur Anwendung kommt, nicht in Vorwissen integriert und nicht vernetzt ist.)

1. Aus welchem Kontext kommt die Argumentation?

2. Was ist die persönliche Botschaft für mich?

3. Was kann ich für meinen Arbeitszusammenhang damit anfangen?

1.3.4 Moderater Konstruktivismus und systemisches Denken

Die Ausführungen von Speck zum Erziehungsbegriff haben deutlich gemacht, daß Systemtheorie und Konstruktivismus bereits Einzug gehalten haben in pädagogisches Denken und Handeln. Die konstruktivistische Debatte wird längst in allen Wissenschaftsbereichen geführt.

Der Mensch wird als ganzheitliches, autopoietisches System angesehen, welches seine kognitive Struktur, seine Denk-, Fühl- und Handlungsmuster selbsttätig generiert und nur sehr begrenzt von außen berechen- und steuerbar erscheint.

Wie weitgehend die Autonomie und Ausschließlichkeit der Selbstgenerierung gesehen wird, wie hermetisch abgeschlossen die Einheit Individuum erscheint, dies wird von radikalen und moderaten Konstruktivisten und Systemtheoretikern sehr unterschiedlich gesehen. Ohne diese Diskussion hier nachzeichnen zu können (einen guten Überblick geben Gerstenmaier und Mandl, a.a.O., S. 868 ff.), ist für mich der moderate Konstruktivismus bzw. der dialektische Konstruktivismus (vgl. Dubs 1995b) eine plausible Position, die die drei vorher dargestellten Aspekte: Subjekt/Objekt-Dialektik, Gleichheit/Differenz-Dialektik und ein dialogisches Verständnis von Erziehung optimal integriert.

Der Mensch wird in seinem Subjekt-Sein anerkannt, ohne die Objekt-Dimension zu vernachlässigen – hier erscheint der Konstruktivismus in seiner sozialen Variante; der Mensch wird in seiner Differenz zum Anderen gesehen, ohne ihn hermetisch und ohne soziale Bezüge, ohne Anteile von Gleichheit zu sehen und zu fördern. Die einzig logische Konsequenz aus diesen Prämissen ist die Konstruktion von dialogischen, bescheidenen – weil Komplexität und Vernetzung anerkennenden – erzieherischen Beziehungen.

Wyrwa (1995, S. 29 ff.) bezeichnet dementsprechend Erziehung aus konstruktivistischer Sicht als Anregung, als Angebot. Lernen wird als aktiver, selbstregulierter Konstruktionsprozeß verstanden – der Lehrer als Anbieter, nicht als Überträger des Wissens aufgefaßt (vgl. Wyrwa S. 39 ff.).

Dementsprechend muß Didaktik sich verabschieden von linearen Übertragungskonzepten. Reich (1996), Dubs (1995), Krüssel (1995) und Gerstenmaier/Mandl (1995) u.a. haben Grundzüge einer moderat systemisch-kostruktivistischen Didaktik entworfen. Wesentliche Elemente möchte ich hier zusammenfassen und für die Fachdidaktik Pädagogik nutzen. Dabei möchte ich diese Fachdidaktik nicht zu einer konstruktivistischen Didaktik deklarieren oder das technologisch-naturwissenschaftliche Vokabular an die Stelle bewährter erziehungswissenschaftlicher bzw. didaktischer Kategorien setzen.

Die o.g. Autoren geben Anregungen auf fünf Ebenen:

A Die Schaffung einer anregend-konstruktivistischen Lernumgebung:
Ausgangspunkt der Lehr-Lernprozesse sollen realistische und authentische Problemstellungen sein. Diese sollen in multiplen Kontexten und unter multiplen Perspektiven betrachtbar und bearbeitbar sein. Wichtig ist weiterhin, individuelle Zugänge zu diesen Lernumgebungen zu schaffen.

B Priorität der Selbsttätigkeit:
In diesen Lernumgebungen sollen sich Lernende möglichst selbsttätig, selbstgesteuert und selbstverantwortlich bewegen können. Reale Wahlmöglichkeiten, erkennbare Freiräume, weitgehende Mitbestimmungsmöglichkeiten über

Inhalt und Methode, das Training von Lerntechnik und Methodenkompetenz sind Voraussetzungen für konstruierende Lernaktivitäten. Allerdings wendet sich der moderate, dialektische Konstruktivismus gegen die Ausschließlichkeit völlig eigenständigen Lernens und plädiert für anleitende Hilfen und die Vermittlung von Orientierungswissen. Reich empfiehlt so viel Konstruktion der Lernenden wie möglich, Rekonstruktion von Wissensbeständen nicht um ihrer selbst willen und Dekonstruktion (z.B. als ideologiekritische Überprüfung) so oft wie nötig zu ermöglichen.

C Reflexion der Perspektivität:
Perspektiven auf Lerngegenstände sind nie die einzig möglichen Perspektiven. Daher muß der Blickwinkel auf einer Metaebene bewußt gemacht, kritisch hinterfragt und wenn möglich auch ein Wechsel der Perspektive vorgenommen werden (vgl. hierzu Kupsch/Schülert 1996, S. 589 ff.9).

D Soziale Einbindung:
Gerade in pädagogischen Zusammenhängen fordert Reich eine interaktionistische Orientierung, die Ermöglichung und Förderung kooperativer und kommunikativer Prozesse, die Berücksichtigung von Inhalts- und Beziehungsebene, die prozeßbegleitende Evaluation von Lerngruppen.

E Veränderung der Lehrerrolle:
Wenn der Lehrer/die Lehrerin nicht als Überträger von Wissen, sondern als Anreger/in selbständigen Wissenerwerbs verstanden wird, muß sich seine/ihre traditionelle Rolle ändern. Er/sie ist für die Konstruktion des Rahmens, der Lernumgebung zuständig. Er/sie muß für Vielfalt, Offenheit und die Schaffung individueller Lernwege sorgen, er/sie muß begleiten, fördern und stützen. Dies setzt Veränderungen der Lehrerausbildung, der Schule und nicht zuletzt der Schulbücher voraus.

Zusammenfassend möchte ich daher festhalten:

1. Die Orientierung am Lernenden und Lehrenden als Subjekt ist angesichts des interdisziplinären Wissensstandes unerläßlich.
2. Das Subjekt ist immer in seiner Einbettung in den sozialen Kontext zu sehen, also immer in der dialektischen Subjekt-Objekt-Verschränkung.
3. Das Subjekt ist immer im dialektischen Spannungsfeld von Gleichheit und Differenz zu betrachten.
4. Eine Stärkung des Subjekts ist die Voraussetzung der glückenden Begegnung mit den anderen.
5. Eine Erziehung, die sich dieser Subjektstärkung verpflichtet fühlt, reflektiert im besonderen Sinne die Gleichheit und Differenz des pädagogischen Verhältnisses.
6. Eine Pädagogik der Achtung mit einer konstitutionellen Grundlegung, die Selbstregulierung erst ermöglicht, ermöglicht die dialogische Begegnung zwischen Erziehern und Zu-Erziehenden.
7. Lernumgebungen, in denen Erziehungswirklichkeit thematisiert wird, müssen von realen pädagogischen Problemen ausgehen und diese unter möglichst vielen Perspektiven betrachtbar machen. Sie müssen individuelle Konstruktionsprozesse ebenso wie kooperative Handlungsformen ermöglichen.

8. Die Pädagogiklehrerin und der Pädagogiklehrer sind als Konstrukteure von Lernumgebungen gefragt, als Prozeßbegleiter und Forscher in eigener Sache. Sie benötigen neben der ständig sich erweiternden fachwissenschaftlichen Kompetenz selbstreflexive, empathische und kommunikative Kompetenz. Dies muß Konsequenzen für Ausbildung und Fortbildung haben.

In diesem Sinne wäre es für den Pädagogikunterricht denkbar und wünschenswert,

- sich stärker dem individuellen Schüler, der individuellen Schülerin dialogisch zuzuwenden;
- dieser und diesem ein stärkeres Einbringen seiner/ihrer jeweils individuellen Fähigkeiten zu ermöglichen, aber auch seine/ihre individuellen Grenzen zu akzeptieren;
- stärker an individuellen biographischen Erfahrungen anzuknüpfen und individuelle Lernwege und individuelle Leitthemen zu ermöglichen;
- stärker die Kraft des individuellen Erlebens zu nutzen;
- die Schülerinnen und Schüler stärker an Planung, Gestaltung und Evaluation in Richtung auf ein selbstgesteuertes Lernen, so weit es die Bedingungen der Institutionen zulassen, zu beteiligen;
- neben den individuellen Differenzen die Gleichheit und die Anerkennung des Anderen systematisch zu fördern;
- die Differenz zwischen Lehrer- und Schülerrolle nicht zu verwischen, aber auch Erfahrungen von Gleichheit in einem pädagogischen Feld zu ermöglichen;
- die interaktionelle Hier-und-jetzt-Ebene als erzieherisches Erfahrungsfeld evaluativ aufzugreifen und positiv, im Sinne einer Pädagogik der Achtung, zu fördern;
- soweit es eben geht, Schülerinnen und Schülern im Pädagogikunterricht eigene Konstruktionsleistungen zu ermöglichen;
- reale, komplexe erzieherische Probleme, auch des schulischen Erziehungsfeldes, zum Ausgangs- und Zentralisationspunkt von Lernprozessen zu machen.

Gedanken-Spiel

Was will ich erreichen ? Was sind meine Ziele ?

1.	2.
3.	4.
5.	6.
7.	8.
9.	10.
11.	12.

Die drei wichtigsten Ziele:

1.
3.
5.

Das Zentrum:

Orientierungs-Punkt

„Sowohl für die Ebene der Gestaltung von Lehrplänen, Richtlinien, Curricula als auch für die Ebene der konkreten Unterrichtsplanung gilt die Erkenntnis vom ‚Primat der Zielentscheidungen' im Verhältnis zu allen anderen Faktoren [...] Sowohl die Entscheidungen darüber, was jeweils in welcher Perspektive Thema des Unterrichts sein soll oder besser: was sich im Prozeß des Unterrichts als perspektivisch erörterte Thematik aufbaut, aber auch Entscheidungen über Methoden und Medien des Unterrichts sind nur von der Zielsetzung her begründbar. Das gleiche gilt aber z.B. auch für die Beurteilung der Frage, welche Bedeutung die jeweiligen soziokulturell vermittelten individuellen Voraussetzungen von Schülern und Lehrern und die institutionellen Bedingungen für schulischen Unterricht haben.

Sofern man nun die generellen Zielprinzipien der Selbstbestimmung, der Mitbestimmung und der Solidarität anerkennt, ergibt sich, daß auch konkrete pädagogische Zielsetzungen für das Lehren und Lernen in der Schule nicht dogmatische Setzungen oder bloße Übernahmen aus ungeprüften Traditionen sein dürfen, sondern didaktische Rechtfertigungen erfordern und für Kritik und Veränderung offengehalten werden müssen."

(Wolfgang Klafki, Zum Problem der Inhalte des Lehrens und Lernens in der Schule aus der Sicht kritisch-konstruktiver Didaktik, in: Zeitschrift für Pädagogik, 33. Beiheft 1995, S. 97)

1. Aus welchem Kontext kommt die Argumentation?

2. Was ist die persönliche Botschaft für mich?

3. Was kann ich für meinen Arbeitszusammenhang damit anfangen?

1.4 Qualifikationen für den Pädagogikunterricht
Was will ich erreichen?

Sich an Wolfgang Klafki zu orientieren heißt, sich für eine kritisch-konstruktive Erziehungswissenschaft bzw. kritisch-konstruktive Didaktik zu entscheiden.

Kritisch insofern, als sich das fachspezifische Erkenntnisinteresse – wie im Kapitel 1.3 geschehen – als Eintreten für die Stärkung des Subjekts, für die Rechte auf Gleichheit und Differenz und für eine Pädagogik der Achtung, definieren läßt.

Eine kritisch-konstruktive Fachdidaktik des Pädagogikunterrichtes hat die Aufgabe, modellhaft Lern- und Lehrprozesse vorzudenken und zu initiieren, die – nicht technologisch erzeugt – Schritte in die oben skizzierte Richtung ermöglichen, dabei Hemmnisse zu analysieren und Freiräume auszuloten.

Hierzu ist es zunächst notwendig, im Klafkischen Sinne eines Zielprimats, Zielfelder für den Pädagogikunterricht zu erschließen.

Aus dem Referendariat haben viele Lehrerinnen und Lehrer die Formulierung von Unterrichtszielen noch als verbalakrobatische Pflichtübung in Erinnerung, die eher Ritualen der „Feiertagsdidaktik" diente, als eine Hilfestellung für den Alltag zu sein schien. Dies ist sicher ein Grund, warum Ziele in der alltäglichen Planungsarbeit nur eine sehr untergeordnete Rolle spielen (vgl.Stiller 1988, S. 239ff.). Ein weiterer Grund liegt in der strukturellen Überforderung des Lehrer-Arbeitsplatzes, die eine durchschnittliche Vorbereitungszeit zwischen neun und fünfzehn Minuten pro Stunde zulassen (vgl.Hage 1985, S. 453).

Dabei gehört die Reflexion der Ziele zu den wichtigsten planerischen Tätigkeiten. Zielklärungen können folgende positive Funktionen erfüllen:

- **Ziele strukturieren einen relativ offenen Handlungsraum!**
  (Das Fach Pädagogik ist ein Fach mit relativ großen Freiräumen.)
- **Ziele stiften Sinn!**
  (Für die Schüler und für den Lehrer!)
- **Ziele schaffen Transparenz und Klarheit!**
  (Für die Schüler und für den Lehrer!)
- **Ziele eröffnen Partizipationsmöglichkeiten!**
  (Zielklarheit eröffnet erst die Möglichkeit des Dialoges von Schülern und Lehrern!)
- **Ziele ermöglichen Evaluation!**
  (Zielklarheit ermöglicht Evaluation über die Leistungsbeurteilung hinaus und objektiviert auch das Evaluationsverfahren!)

Diese positiven Funktionen von Zielen kommen bei den o.g. Problemen der Alltagsplanung in erster Linie bei langfristiger und großräumiger Zielklärung, die auch gemeinsam mit den Schülern geleistet werden kann, zur Geltung, etwa bei einer problemzentrierten Halbjahresplanung (s.u.).

Eine stärkere Subjektorientierung des Pädagogikunterrichts bedeutet nicht einen Verzicht auf Unterrichtsziele. Abschied genommen werden muß freilich von der linearen Vorstellung, vordefinierte, operationalisierte Ziele technisch einfach umsetzen zu können.

Stärker gewichtet werden sollte die kommunikative Zielklärung mit der Lerngruppe. Dies setzt allerdings die Klarheit des Zielrahmens auf der Seite der/des Unterrichtenden voraus.

Stärker gewichtet und gefördert werden sollte auch, daß Lernende sich selbst individuelle Zielschwerpunkte setzen und für die Arbeit an ihren selbstgewählten Zielen Freiräume erhalten.

Der vorab definierte Zielrahmen muß also mit einer gewissen Unschärfe und Offenheit definiert werden, mit großen Freiräumen zur kommunikativen und individuellen Selbstdefinition.

Das von mir formulierte zentrale Ziel des Pädagogikunterrichts knüpft an einen breiten fachdidaktischen Konsens an (vgl. z.B. Langefeld 1982, S. 16 ff, oder Beyer/Pfennings 1979, S. 55 ff.), der die Förderung erzieherischer Handlungskompetenz in den Mittelpunkt stellt:

Pädagogikunterricht soll einen Beitrag leisten zu einer das Subjekt stärkenden, den Anderen, die Mitwelt und die Menschenrechte achtenden sowie Verantwortung übernehmenden Erziehung.

Erziehung unter den heutigen und zukünftigen Rahmenbedingungen, dies habe ich in den Kapiteln 1.2 und 1.3 ausgeführt, hat als zentrale Aufgabe die Stärkung des Subjekts. Sie muß Hilfestellung leisten zur Konstruktion von „Eigen-Sinn" (vgl. Schiffer 1993, S. 31 ff.), „Eigen-Wert" und „Eigen-Verantwortung". Sie muß gleichzeitig Hilfen zur Konstruktion von Brücken zum Anderen, zur Akzeptanz von Anders-Sein und zur Verantwortung gegenüber Anderen bieten (vgl. Löwitsch 1993, S. 149 ff.). Das zentrale Ziel ist einerseits bewußt bescheiden formuliert – ein Beitrag soll geleistet werden. Andererseits werden alle in den Kapiteln 1.2 und 1.3 referierten Dimensionen einer neuen Fundierung des Pädagogikunterrichts aufgerufen. Diese Dimensionen lassen sich in vier Qualifikationsfelder systematisch aufschlüsseln.

1. **Qualifikationsfeld: Biographie**
   Fähigkeit und Bereitschaft zur bewußten Reflexion der eigenen Biographie, um Subjektanteile, im Sinne von bewußten Wahlmöglichkeiten zu erweitern sowie die Annahme eines dynamischen und differenzierten Selbst zu stärken.
2. **Qualifikationsfeld: Interaktion**
   Fähigkeit und Bereitschaft zur empathischen Begegnung mit dem Anderen, zur Erweiterung der kommunikativen und kooperativen Kompetenz in erzieherischen Bereichen, um so auch einen Beitrag zu einer guten Schule zu leisten.

Pädagogikunterricht hat die einmalige Chance und große Herausforderung, Erziehung inhaltlich zu thematisieren und sich gleichzeitig in einem selbstreflexiven Erfahrungsfeld zu bewegen. Daher zielen die ersten beiden Qualifikationsfelder „Biographie" und „Empathie" auf selbstreflexive, personenzentrierte und die anderen Qualifikationsfelder auf die distanzierende und objektivierende, problemzentrierte Betrachtung von Erziehungspraxis und erziehungswissenschaftlicher Theorie: „Erziehungspraxis", „Erziehungstheorie".

3. **Qualifikationsfeld: Erziehungspraxis**
   Fähigkeit und Bereitschaft, die Bedeutung sowie die Möglichkeiten und Grenzen von Erziehung angemessen einzuschätzen sowie erzieherisch verantwortungsbewußt zu handeln.

4. Qualifikationsfeld: Erziehungstheorie
Fähigkeit und Bereitschaft, an gemeinsam ausgewählten, exemplarischen pädagogischen Schlüsselproblemen einen aktiven, kritischen Umgang mit Erziehungswissenschaft im Sinne forschenden Lernens zu praktizieren.

Diese Qualifikationen sollen nun in einer Zielmatrix ausdifferenziert werden, indem die Qualifikationsfelder konfrontiert werden mit den unterschiedlichen Dimensionen des Umgangs mit Erziehungswirklichkeit:

- **Wahrnehmen, Erkennen und Darstellen**
- **Deuten, Analysieren und Erklären**
- **Urteilen, Entscheiden und Stellung nehmen**
- **Planen, Simulieren und Handeln**

Diese Dimensionen orientieren sich an den von Jürgen Langefeld beschriebenen verhaltensanalytisch-aufklärenden und konstruktiv-verhaltenserweiternden Ebenen des Pädagogikunterrichts (vgl. Langefeld 1982, S. 75 ff.).

Im erzieherischen Alltagshandeln, der professionellen Erziehungsarbeit und der wissenschaftlichen Reflexion von Erziehung findet sich der in den Dimensionen des Umgangs mit Erziehungswirklichkeit skizzierte Viererschritt: Wahrnehmen, Erkennen und Darstellen, Deuten, Analysieren und Erklären, Urteilen, Entscheiden und Stellung nehmen, Planen, Simulieren und Handeln wieder. In allen vier Dimensionen müssen Kompetenzen erworben werden. Daher macht es Sinn, diese Dimensionen auch zur Ausdifferenzierung von Zielkomplexen zu nutzen.

Die 4 Qualifikationen mit den ausdifferenzierten 16 Teilqualifikationen können als Zielrahmen für die gesamte Zeitspanne der unterrichtlichen Thematisierung von Erziehungsfragen dienen.

Bei der Konstruktion der folgenden Zielmatrix habe ich mich auch von der didaktischen Tradition im Bereich der politischen Bildung in NRW leiten lassen (vgl. Gagel/Menne 1988). Orientiert an dem Grundgedanken von Robinsohn (vgl. Robinsohn 1975), daß Curriculumrevision sich an den gesellschaftlichen Veränderungen orientieren muß und Qualifikationen auf die Bewältigung von veränderten Lebenssituationen angelegt sein müssen, habe ich versucht, Qualifikationsdimensionen für den Pädagogikunterricht der neunziger Jahre abzuleiten. Die Dimensionen des Umgangs mit Erziehungswirklichkeit erschließen, kombiniert mit den Feldern der Qualifikation, ein differenziertes Zielinstrumentarium, welches hoffentlich die positiven Funktionen der Zielklärungsarbeit einlösen hilft.

Mit Hilfe der Qualifikationen können problematisierende Themenstellungen entwickelt werden und inhaltliche Schwerpunkte begründet ausgewählt werden.

Den Lernenden sollte ausführlich Gelegenheit gegeben werden, selbst über die Zielsetzung des Pädagogikunterrichtes im Unterricht zu reflektieren und zu diskutieren. Eine Auseinandersetzung mit der hier entwickelten Matrix kann eine Lerngruppe in die Lage versetzen, sich an der Zieldiskussion und damit an der Unterrichtsplanung kompetent zu beteiligen.

Die jeweilige Ausbalancierung der vier Zieldimensionen ist abhängig von den Erfahrungen, Kompetenzen und Erwartungen der Schülerinnen und Schüler sowie der Lehrerinnen und Lehrer, aber auch dem Kontext des jeweiligen Bildungsganges bzw. den Richtlinien und Institutionen.

Dimensionen des Umgangs mit Erziehungswirklichkeit	*Qualifikationsfeld Biographie* 1. Fähigkeit und Bereitschaft zur bewußten Reflexion der eigenen Biographie, um Subjektanteile, im Sinne von bewußten Wahlmöglichkeiten zu erweitern sowie die Annahme eines dynamischen und differenzierten Selbst zu stärken	*Qualifikationsfeld Interaktion* 2. Fähigkeit und Bereitschaft, zur empathischen Begegnung mit dem Anderen, zur Erweiterung der kommunikativen und kooperativen Kompetenz in erzieherischen Bereichen, um so auch einen Beitrag zu einer guten Schule zu leisten	*Qualifikationsfeld Erziehungspraxis* 3. Fähigkeit und Bereitschaft, die Bedeutung sowie die Möglichkeiten und Grenzen von Erziehung angemessen einzuschätzen sowie erzieherisch verantwortungsbewußt zu handeln	*Qualifikationsfeld Erziehungstheorie* 4. Fähigkeit und Bereitschaft, an gemeinsam ausgewählten, exemplarischen pädagogischen Schlüsselproblemen einen aktiven, kritischen Umgang mit Erziehungswissenschaft im Sinne forschenden Lernens zu praktizieren
Wahrnehmen Erkennen Darstellen	1.1 Fähigkeit und Bereitschaft die eigene Lebensgeschichte, eigene Deutungs- und Handlungsmuster bewußt zu rekonstruieren, besonders bezogen auf eigene Erziehungserfahrungen	2.1 Fähigkeit und Bereitschaft, sich u.a. durch Perspektivenwechsel das Denken und Handeln der Anderen im pädagogischen Prozeß bewußt zu machen und Interaktionsprozesse zu erfassen	3.1 Fähigkeit und Bereitschaft, Erziehungsprozesse zu erfassen, zu beschreiben und zu simulieren	4.1 Fähigkeit und Bereitschaft, mit qualitativen und quantitativen Methoden der wissenschaftlichen Erfassung der Erziehungswirklichkeit rezeptiv und produktiv zu arbeiten
Deuten Analysieren Erklären	1.2 Fähigkeit und Bereitschaft, eigenes Denken und Handeln vor dem Hintergrund erworbener erziehungswissenschaftlicher Kenntnisse zu deuten	2.2 Fähigkeit und Bereitschaft, das Sinnhafte im Denken und Handeln der Anderen im pädagogischen Prozeß vor deren biographischem, kulturellem und gesellschaftlichem Hintergrund ansatzweise zu entschlüsseln und Interaktionsprozesse zu analysieren	3.2 Fähigkeit und Bereitschaft, Erziehungsprozesse mehrdimensional und multifaktoriell im kulturellen, historisch-politischen und gesellschaftlichen Kontext zu deuten und zu erklären	4.2 Fähigkeit und Bereitschaft, Hypothesen und Theorien zur Erklärung der Erziehungswirklichkeit – auch der Hilfswissenschaften (Psychologie, Soziologie u.a.) – heranzuziehen und anzuwenden
Urteilen Entscheiden Stellung nehmen	1.3 Fähigkeit und Bereitschaft, das eigene pädagogische Verhalten kritisch zu überprüfen, eine eigene pädagogische Position zu entwickeln und Verantwortung in erzieherischen Prozessen zu übernehmen	2.3 Fähigkeit und Bereitschaft, Denk- und Handlungsmuster der Anderen im pädagogischen Prozeß einerseits zu akzeptieren und sie andererseits vor dem Hintergrund universeller Menschenrechte kritisch zu reflektieren und zu beurteilen sowie Interaktionsprozesse einzuschätzen und erhaltende oder verändernde Maßnahmen treffen zu können	3.3 Fähigkeit und Bereitschaft, erzieherisches Handeln differenziert zu beurteilen und begründete Entscheidungen zu treffen	4.3 Fähigkeit und Bereitschaft, Erziehungsziele und Erziehungsmaßnahmen ideologiekritisch zu prüfen, zu beurteilen und zu kontroversen Sachverhalten differenziert Stellung zu nehmen
Planen Simulieren Handeln	1.4 Fähigkeit und Bereitschaft, die zukünftige biographische Entwicklung, z.B. im Bereich eines pädagogischen Studiums oder einer Berufsausbildung zu antizipieren und sich gezielt darauf vorzubereiten	2.4 Fähigkeit und Bereitschaft, das Gemeinsame in der Interaktion konstruktiv zu verstärken und gemeinsames Handeln selbständig zu planen und durchzuführen	3.4 Fähigkeit und Bereitschaft, eigenes erzieherisches Verhalten in Schule, Familie, Freizeit sorgfältig zu planen und aktiv umzusetzen	4.4 Fähigkeit und Bereitschaft, eigene wissenschaftspropädeutische Projekte zu planen und durchzuführen

Anhand einer fiktiven, aber nicht unrealistischen Halbjahresplanung soll nun aufgezeigt werden, wie die Zielmatrix als Planungshilfe eingesetzt werden kann.

Da Pädagogikunterricht nicht im luftleeren Raum stattfindet, sondern unter gesetzten Rahmenbedingungen, wähle ich hier ein Beispiel aus dem Pädagogikunterricht der Sekundarstufe II.

Im Januar – also am Ende des Halbjahres 12/1 – findet im Kurs ein erstes Planungsgespräch über das kommende Halbjahr statt. Der Lehrer stellt die Richtliniensituation dar (Lernbereich, Kursthema, verbindliche thematische Schwerpunkte) und schlägt Wahlalternativen vor: z.B. Jugendkriminalität, Drogen, Gewalt, Jugendsekten, Suizid ..., also diverse Gegenstände, die in den Richtlinienrahmen passen. Die Schüler entscheiden sich nach längerer Diskussion für den Gegenstand Gewalt.

Eine erste Themenformulierung erreicht der Lehrer durch die Konfrontation des Gegenstandes mit der übergeordneten Qualifikation zur Erziehungspraxis: „Fähigkeit und Bereitschaft, die Bedeutung sowie die Möglichkeiten und Grenzen von Erziehung angemessen einzuschätzen." Das Thema könnte also vorläufig lauten: ‚Halt – keine Gewalt ! – Möglichkeiten und Grenzen einer Erziehung ohne Gewalt.'

Da der Lehrer subjektorientiert unterrichten will, konstruiert er den Einstieg in das neue Halbjahr so, daß er den persönlichen Bezug der Schüler zum Gegenstand offen legt. Hierbei versucht er, den Qualifikationsschwerpunkt Biographie auf der Ebene „Wahrnehmen, Erkennen und Darstellen": „Fähigkeit und Bereitschaft, die eigene Lebensgeschichte, eigene Deutungs- und Handlungsmuster bewußt zu rekonstruieren, besonders bezogen auf eigene Erziehungserfahrungen" mit einer Methode biographischen Lernens einzulösen und den Schülern zu ermöglichen, eigene Bezüge zum Gegenstand „Gewalt" zu entdecken und zu formulieren (als „Opfer" von unterschiedlichsten Formen von Gewalt, aber auch als ausübender „Täter").

Im anschließenden Unterrichtsgespräch wird auch das „gewalttätige" Mobbingverhalten von Schülern in Oberstufenkursen angesprochen. So kristallisiert sich ein konkretes Halbjahresthema heraus, welches aus den Erfahrungen und Fragen der Schüler erwächst und in ihrer Sprache formuliert wird: ‚Heute schon gemobbt?! – Mobbing unter Schülern als spezifische Form der schulischen Gewalt. Erscheinungsformen, Ursachen und pädagogische Handlungsmöglichkeiten.'

Hierin erschöpft sich aber nicht die Arbeit an der biographischen Dimension des Themas. An unterschiedlichen Stellen im weiteren Lernprozeß versucht der Lehrer, mit Methoden biographischen Lernens, z.B. dem sehr individuellen Führen eines Journals (vgl. hierzu Kapitel 2.2.1) behutsam und sehr auf den einzelnen Schüler bezogen und z.T. auch auf ihn begrenzt, die Möglichkeit zu eröffnen, den jeweils individuellen Bezug weiter zu bearbeiten („Fähigkeit und Bereitschaft, eigenes Denken und Handeln vor dem Hintergrund erworbener wissenschaftlicher Kenntnisse zu deuten.").

Einzelne Schülerinnen und Schüler haben in der Einstiegsphase Fragestellungen entdeckt, die für sie eine große Relevanz besitzen und vereinbaren daher, Facharbeiten bzw. Referate hierzu anzufertigen.

Der Lehrer kann ebenfalls dazu beitragen, daß Schüler eine eigene Position und die Bereitschaft entwickeln, in stärkerem Maße in Handlungssituationen Verantwortung zu übernehmen („Fähigkeit und Bereitschaft, das eigene pädagogische

Verhalten kritisch zu überprüfen, eine eigene pädagogische Position zu entwickeln und Verantwortung in erzieherischen Prozessen zu übernehmen.")

Schüler und Lehrer können gemeinsam (evtl. mit Hilfe der Zielmatrix, die vom Lehrer bereits im Halbjahr 11/2 thematisiert wurde und bereits zu gemeinsamen Planungszwecken eingesetzt wurde) anschließend klären, welche Zielschwerpunkte sie sich für das Halbjahr vornehmen.

Der Qualifikationsschwerpunkt Interaktion erinnert Schüler und Lehrer nachhaltig daran, die Interaktion im Kurs nicht zu verdrängen („Fähigkeit und Bereitschaft, [...] Interaktionsprozesse zu erfassen"), sondern mit Hilfe von Rollenfunktionskategorien zu analysieren („Fähigkeit und Bereitschaft, [...] Interaktionsprozesse zu analysieren") und evtl. das Kursklima erhaltende oder verbessernde Maßnahmen zu treffen („Fähigkeit und Bereitschaft, [...] Interaktionsprozesse einzuschätzen und erhaltende oder verändernde Maßnahmen treffen zu können").

Unter Hinzunahme des Qualifikationsschwerpunktes Erziehungstheorie entscheidet sich der Kurs, empirische Daten über unterschiedliche Formen von Gewalt in der Schule zu analysieren, aber auch an der eigenen Schule eine Befragung von Oberstufenschülern vorzunehmen, wie niedrig oder hoch das Ausmaß der psychischen Gewalt in Mobbing-Prozessen eingeschätzt wird; behilflich ist hier ein Handbuch des Kultusministeriums in Schleswig-Holstein (Ministerin für Frauen, Bildung...1994), welches sich theoretisch und praktisch mit Mobbing in der Schule auseinandersetzt („Fähigkeit und Bereitschaft, mit qualitativen und quantitativen Methoden der wissenschaftlichen Erfassung der Erziehungswirklichkeit rezeptiv und produktiv zu arbeiten", „Fähigkeit und Bereitschaft, eigene wissenschaftspropädeutische Projekte zu planen und durchzuführen").

Der Lehrer erinnert daran, daß auf der Ebene „Deuten, Analysieren und Erklären" versucht werden muß, unterschiedliche Erklärungsansätze für Gewalt, speziell für Mobbing als Gewaltform einzubeziehen und die Übertragbarkeit auf die schulische Handlungssituation(„Fähigkeit und Bereitschaft, Hypothesen und Theorien der Erziehungswirklichkeit – auch der Hilfswissenschaften (Psychologie, Soziologie, u.a.) -heranzuziehen und anzuwenden") zu überprüfen.

Die Schüler sehen dies ein, mahnen aber an, es nicht beim „Theoretisieren" zu belassen, sondern Handlungskonsequenzen nicht nur zu erörtern („Fähigkeit und Bereitschaft, erzieherisches Handeln differenziert zu beurteilen und begründete Entscheidungen zu treffen"), sondern auch als Pädagogikkurs Möglichkeiten des Handelns zu entwickeln und zu erproben. Die Möglichkeit eines Wochenendseminars mit Mitgliedern der Schüler-Vertretung oder die Einbeziehung des Mobbing-Aspekts in die Tutoren-Arbeit in den Klassen 5 und 6 werden beispielhaft ins Auge gefaßt („Fähigkeit und Bereitschaft, eigenes erzieherisches Verhalten in Schule, Familie, Freizeit sorgfältig zu planen und aktiv umzusetzen").

Gedanken-Spiel

Um welche Inhalte soll es im Pädagogikunterricht gehen ?

1. Was ist aus der Sicht der Erziehungswissenschaft wohl unverzichtbar ?
   –
   –
   –
   –
   –

2. Was ist aus der Erfahrung des Pädagogikunterrichtes besonders bedeutsam ?
   –
   –
   –
   –
   –

3. Was ist aus der Sicht der Schülerinnen und Schüler besonders interessant und attraktiv ?
   –
   –
   –
   –
   –

4. Was sind meine persönlichen Lieblingsthemen ?
   –
   –
   –
   –
   –

5. Welches Fazit ergibt sich aus diesen Überlegungen ?
   –
   –
   –
   –

Orientierungs-Punkt

„Exemplarik

Didaktisches Leitprinzip für die Auswahl und Aufbereitung von Lerngegenständen. Die Exemplarik zielt auf das Erkennen bzw. Entfalten von Knotenpunkten/ Verdichtungen vom Typ der Implikation. Sie verschränkt die individuellen Lernbedürfnisse und gesellschaftlichen Qualifikationsanforderungen bzw. den gesellschaftlichen Lebenszusammenhang und den Gesellschaftlichen Implikationszusammenhang.

Die Exemplarik hat nichts mit Beispielen zu tun, wohl dagegen mit Muster. Das einzelne, ein Lernziel, ein Thema, ein Stoffgebiet entfaltet seine bildende Wirkung, wenn erkannt werden kann, womit es zu einem Ganzen gehört. Dessen Muster ist geprägt durch die Konstitutionslogik, welche die Beziehung der Teile konstituiert. Worauf es ankommt, das ist, dieses Muster des Ganzen von seinen Teilen aus zu bestimmen.

Das Exemplarische ist darum kein sogenannter Lerngegenstand, sondern ein Erkentnisprinzip. Durch Wahrnehmung, Auslegung und Zuordnung von Wesen und Erscheinung, Ganzen und Teilen, Strukturen und Prozessen wird es dialektisch realisiert. Als Instrument gehandhabt, ist die Exemplarik Prinzip im Sinne der leitenden Idee und strukturierenden Kraft. Die Exemplarik ist zugleich Gesetzmäßigkeit der Psychodynamik, d.h. des Zusammenwirkens menschlichen Fühlens, Denkens und Wollens und des ‚Verknotens' von Erkenntnis und Erfahrung."

(Ingrid Lisop/Richard Huisinga, Arbeitsorientierte Exemplarik. Theorie und Praxis subjektbezogener Bildung, Frankfurt 1994, S. 340.
Lisop und Huisinga haben ihr subjektorientiertes Didaktikkonzept für den Bereich der beruflichen Bildung entwickelt.)

1. Aus welchem Kontext kommt die Argumentation?

2. Was ist die persönliche Botschaft für mich?

3. Was kann ich für meinen Arbeitszusammenhang damit anfangen?

1.5 Inhaltsauswahl: Erziehung, Erziehungswissenschaft, Pädagogikunterricht – Was ist notwendig? Was ist wichtig? Was interessiert? Was ist machbar?

Bildung kann heute – hier gibt es einen erstaunlich breiten Konsens (vgl. die Beiträge zum Thema „Theorie der Bildung" in dem Band „Bildung und Erziehung an der Schwelle zum dritten Jahrtausend, Seibert/Serve 1994) – als

- exemplarische;
- subjektstärkende;
- ganzheitliche;
- an Schlüsselproblemen orientierte;
- auf Verantwortung und Solidarität zielende

gesellschaftlich zu organisierende Veranstaltung begriffen werden.
Wesentlich stärker fächerübergreifend als bisher, aber auch fachspezifisch, individuellen Schwerpunktbildungen folgend, will Klafki z.B. (vgl. Klafki 1994, S. 150 ff.) über die spezifische Bearbeitung von Schlüsselproblemen hinaus folgende grundlegenden Einstellungen und Fähigkeiten fördern:

- Kritikbereitschaft und -fähigkeit
- Argumentationsbereitschaft und -fähigkeit
- Empathie
- Kooperationsfähigkeit und -bereitschaft
- Bereitschaft und Fähigkeit zum vernetzten Denken.

Für die Gestaltung von Unterricht nennt er fünf miteinander verschränkte Prinzipien:

- Exemplarisches Lehren und Lernen
- Methodenorientiertes Lernen
- Handlungsorientierter Unterricht
- Kreativitätsförderndes Lernen
- Verbindung von sachbezogenem und sozialem Lernen.

Pädagogikunterricht hat orientiert an diesem Verständnis von Bildung ideale Möglichkeiten, Beiträge zu fächerübergreifenden Projekten zu leisten wie auch ein fachspezifisch ausgerichtetes Profil zu entwickeln.
Folgt man dem Verständnis von Exemplarik, wie es Lisop und Huisinga unter Bezugname auch auf Klafki in ihrer Veröffentlichung zur subjektbezogenen Bildung darlegen (vgl. Lisop/Huisinga 1994, S. 145 ff.), dann geht es darum, Inhaltsfelder auszuwählen, die geeignet sind,

– den gesellschaftlichen Lebenszusammenhang der Erziehung zu repräsentieren,
– den Stand der erziehungswissenschaftlichen Diskussion widerzuspiegeln,
– Qualifizierungsprozesse im Sinne der oben formulierten Lernziele realisierbar zu machen,
– individuell bedeutsame Lernwege zu fördern und
– ganzheitliche Aneignungsprozesse zu ermöglichen.

Mit Hilfe des zentralen Ziels des Pädagogikunterrichts sowie der Qualifikationen lassen sich diese Inhaltsfelder in bearbeitbare, aufschließende Leitfragen umformulieren.

Die Legitimation der Auswahl von Inhaltsfeldern ist ein schwieriges Unterfangen. Der Gegenstandsbereich der Erziehungswissenschaft läßt sich nicht klar bestimmen und abgrenzen. Sowohl in ihrem Verhältnis zu den Nachbarwissenschaften wie auch innerhalb ihres Bereiches läßt sich kein unveränderlicher oder fester Themenkanon bestimmen (vgl. König 1996, S. 323 ff.).

Die Auswahl der zehn Inhaltsfelder erhebt von daher keinen Anspruch auf Vollständigkeit oder Ausschließlichkeit. Sie wurde von mir vor dem Hintergrund der Ausführungen von Lisop und Huisinga vorgenommen, gestützt durch Literaturrecherche zu Grundbegriffen erziehungswissenschaftlicher Theoriebildung (vgl. vor allem Lenzen 1994, Krüger/Helsper 1995, Hierdeis/Hug 1996), auf der Basis der Schulbuchentwicklung im Phoenix-Team und meiner Ausbildungs- und Unterrichtserfahrung.

Inhaltsfelder des Pädagogikunterrichtes:
- Erziehungskonzepte
- Bildung
- Lernen
- Entwicklung
- Identität
- Institution
- Intervention
- Historischer Rahmen
- Sozialer Rahmen
- Kultureller Rahmen

Auf einer Metaebene ist es notwendig, die Inhaltsfelder Wissenschaftstheorie, Methodologie sowie Geschichte der Erziehungswissenschaft anzufügen. In der universitären Ausbildung von Erziehungswissenschaftlern wird dies explizit erfolgen, in der Schule sicherlich integriert.

Das Inhaltsfeld Erziehungskonzepte ist der Zentralisationspunkt des Curriculums und stellt Ausgangs- und Endpunkt jeder Thematisierung von Erziehung dar. Daher ist es notwendig, Fragen aus diesem Inhaltsfeld quer in allen anderen Inhaltsfeldern zu thematisieren.

In den Inhaltsfeldern Bildung, Lernen, Entwicklung, Identität wird Erziehung aus individueller Perspektive betrachtet.

Die Felder Institution und Intervention haben ihren Schwerpunkt in der gesellschaftlichen Perspektive, wie individuelle Prozesse gesellschaftlich gestützt, gefördert oder behindert werden können. Historische, kulturelle und soziale Rahmenbedingungen müssen wieder quer zu allen anderen Inhaltsfeldern herangezogen werden, um nicht ein ahistorisches, akulturelles oder individualistisches Bild von Erziehung zu gewinnen.

Der thematisierende Zugriff auf die Inhaltsfelder kann einmal dadurch erfolgen, daß **Schlüsselprobleme** zu den einzelnen Inhaltsfeldern formuliert werden:

Erziehungskonzepte

Vor welchen Aufgaben steht Erziehung heute und in der Zukunft?
Wie soll der pädagogische Bezug heute gestaltet werden?
Welche Werte, Normen und Ziele sollen die Erziehung leiten?

Bildung

Welche Bildung brauchen Menschen heute und in der Zukunft?

Lernen

Wie eignen sich Menschen ihre Welt an?
Wie kann dies erzieherisch gefördert werden?

Entwicklung

Was brauchen Menschen heute, um sich zu physisch, psychisch und sozial stabilen Personen zu entwickeln?
Wie kann dies erzieherisch gefördert werden?

Identität

Was heißt unter heutigen Bedingungen Identität? Welche Bilder vom Menschen und der Gesellschaft beinhalten unterschiedliche Konzepte von Identität?
Was heißt dies für die Gestaltung von Erziehung?

Institution

Wie müssen pädagogische Institutionen aussehen, die die Individuen stärken und die Sachen klären?

Intervention

Wie können wir als Pädagogen eingreifen, wenn Menschen mit ihren Entwicklungsaufgaben überfordert sind?

Historischer Rahmen

Wie sind unsere Vorstellungen von Erziehung entstanden?
Welche geschichtlichen Hintergründe haben unsere Konzepte und Institutionen?
Auf welche Zukünfte hin müssen sich unsere Vorstellungen
wandeln?

Sozialer Rahmen

Unter welchen gesellschaftlichen Bedingungen vollzieht sich heute Erziehung und Bildung?
Wie fördert oder behindert Erziehung die Eingliederung in die Gesellschaft?
Wie fördern oder behindern gesellschaftliche Rahmenbedingungen Erziehungs- und Bildungsprozesse?

Kultureller Rahmen

Wie kann heute eine interkulturelle Erziehung aussehen, die Befremdung bewußt macht, Begegnung ermöglicht, den kulturellen Konflikt nicht scheut und den individuellen biographischen Rahmen der Menschen berücksichtigt?

Der Zugriff kann weiterhin dadurch erfolgen, daß aus der Perspektive neuer Paradigmen eine Problemorientierung erfolgt:

Inhaltsfelder unter der Perspektive von Subjektorientierung:

Erziehungskonzepte

Wie kann Erziehung gestaltet werden, die die Subjekte stärkt?
Wie kann Erziehung in Selbsterziehung münden?

Bildung

Welche Sachen müssen geklärt werden, um die Subjekte in Gegenwart und Zukunft zu stärken?

Lernen

Wie kann der einzelne in seinem individuellen Lernverhalten, in seiner Fähigkeit sich die Umwelt anzueignen gestärkt werden?

Entwicklung

Wie können die individuellen Entwicklungswege von Menschen gefördert werden in Hinblick auf die Bewältigung von allgemeinen Entwicklungsaufgaben?

Identität

Wie können Menschen erzieherisch gefördert werden, Identität nicht in einem statischen Sinne, sondern in der dynamischen stetigen Weiterentwicklung zu verstehen und zu leben und innere „Vielheit" und Unsicherheit auszuhalten?

Institution

In welchem Maße können Institutionen Subjekte stärken?

Intervention

Wie können die „individuellen Problemlösestrategien"(Hurrelmann) gestärkt werden?

Historischer Rahmen

Unter welchen historischen Bedingungen ist der Begriff Subjekt und die damit verbundenen Menschenbilder entstanden? Unter welchen historischen Bedingungen ist vom Ende des Subjekts die Rede gewesen und warum hat der Subjektbegriff heute Hochkonjunktur?

Sozialer Rahmen

Führen heutige soziale Bedingungen – Individualisierung in der reflexiven Moderne – zur Stärkung und gleichzeitig zur Schwächung des Subjekts? Ist heute nur noch die Analyseeinheit „Subjekt" zu erfassen, nachdem die Komplexität von Großsystemen bewußt wurde?

Kultureller Rahmen

In welchem Ausmaß brauchen Menschen kulturelle bzw. ethnische Identität? Wie stabil muß das Eigene sein, um das Fremde nicht zur Bedrohung werden zu lassen?

Die Inhaltsfelder können auf vielfältige Weise zu einem Spiralcurriculum zusammengefügt werden. Die derzeit gültigen Richtlinien für das Fach Erziehungswissenschaft in der gymnasialen Oberstufe (vgl. Kultusminister des Landes Nordrhein-Westfalen 1981) organisieren Lernbereiche und verbindliche thematische Schwerpunkte durchaus plausibel. Für die Revision der Richtlinien wäre zu wünschen, daß die Offenheit eher vergrößert wird und methodische Hilfen geboten werden, damit sich Lerngruppen und Lehrer in gemeinsamer Planung sinnvolle Lernwege, unter stärkerer Einbeziehung biographischer, handlungs- und praxisorientierter Komponenten selbst konstruieren können.

Gedanken-Spiel

Schreiben nach der Cluster-Methode:

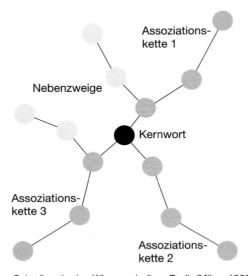

(Lutz von Werder, Kreatives Schreiben in den Wissenschaften, Berlin/Milow 1992, S.33)

Vorgehensweise: (zur Methode siehe Kapitel 2.2.1)
1. Nehmen Sie ein Din A4-Blatt im Querformat.
   Schreiben Sie das Wort *Problem* in die Mitte und kreisen es ein.
   Schreiben Sie alles, was Ihnen zu dem Wort *Problem* einfällt, in Assoziationsketten nach der Cluster-Methode auf, möglichst schnell, ohne intensives Nachdenken oder innere Zensur.
   Begrenzen Sie die Zeit auf ca. 6 Minuten.
2. Schauen Sie sich Ihr Cluster-Produkt in Ruhe an und überlegen Sie, welches die für Sie wichtigsten Aspekte sind. Unterstreichen Sie diese.
3. Schreiben Sie dann einen kurzen Text, in dem der erste und der letzte Satz gleich ist und der das Wort *Problem* enthält.

Orientierungs-Punkt

„Handlungsorientierung hat eine lange Vorgeschichte, ihr Ursprung liegt in der deutschen Reformpädagogik und in der amerikanischen Pädagogik des Pragmatismus. Letzterer liefert auch den theoretischen Hintergrund. Er kann daher als Diagnosehilfe für die Entdeckung der Defizite dienen.

Gemeinsam ist den aufgeführten Beispielen, daß Tätigkeiten oder Produkte, nicht kognitive Akte und nicht die Inhalte als Kriterium für Handlungsorientierung gelten. Diese Dominanz der Aktion gegenüber der Kognition entspricht aber nicht der ursprünglichen Theorie des Lernens im Zusammenhang mit Handeln, wie sie der amerikanische Philosoph und Pädagoge John Dewey entwickelt hat. [...] Nicht die Tätigkeit ist das Kriterium für einen Lernprozeß im Sinne des Pragmatismus, sondern die Problemhaltigkeit der Lernsituation und die selbständige Problemlösung. [...] Gegenüber der verbreiteten Ritualisierung einer pragmatischen Didaktik im handlungsorientierten Unterricht muß man also deren Kernbestände in Erinnerung rufen:
1. *Lernanlässe sind wie Anlässe zum Denken Probleme in Lebenssituationen; dies erfordert nicht primär die Fähigkeit zum Handeln, sondern zunächst zum Problemlösen.*
2. *Das Problemlösen verlangt die enge Verbindung von Denken und Handeln; durch Denken wird Handeln vorbereitet und begleitet. Dewey nannte dies „denkende Erfahrung"... .*
3. *Es gibt keinen prinzipiellen Unterschied zwischen wissenschaftlichen und alltagspraktischen Erkenntnisweisen; das Gemeinsame ist die generelle Struktur des Problemlöseverhaltens."*

(Walter Gagel, Geschichte der politischen Bildung in der Bundesrepublik Deutschland 1945 - 1989, 2. Auflage, Opladen 1995, S. 300 ff.; Walter Gagel ist einer der führenden Didaktiker im Bereich der politischen Bildung.)

1. Aus welchem Kontext kommt die Argumentation?

2. Was ist die persönliche Botschaft für mich?

3. Was kann ich für meinen Arbeitszusammenhang damit anfangen?

1.6 Problemzentrierung als didaktisches Prinzip – Wie organisiere ich den Lernprozeß?

"Lernen ist immer unweigerlich mit Problemen verbunden. Gäbe es keine Probleme, so wäre auch kein Grund mehr vorhanden zu lernen oder zu lehren, was natürlich noch besser wäre." (Paul Watzlawick 1994, S.19).

Die Kategorie **Problem** erfreut sich zunehmender Beliebtheit. Der Philosoph Karl Popper gab seinem letzten Buch den Titel:
"Alles Leben ist Problemlösen."

Hermann Giesecke geht davon aus, daß im Mittelpunkt erziehungswissenschaftlichen Interesses immer Probleme stehen, die *"... uns als in der Praxis offene, umstrittene Fragen vorgelegt werden."* (Giesecke 1990, S. 189).

Als didaktische Planungskategorie hat der Begriff Problem eine lange Tradition, seit der Bildungsreform in den 60er Jahren hat er sich als eine der wesentlichen Kategorien durchgesetzt. Aber bereits in der reformpädagogischen Diskussion wurde der Versuch gemacht, Probleme als Bindeglieder zwischen Erfahrung und Denken zu benutzen. So beschrieb Dewey 1915 einen problemorientierten Lernweg:

"Erstens, daß der Schüler eine wirkliche, für den Erwerb von Erfahrung geeignete Sachlage vor sich hat – daß eine zusammenhängende Tätigkeit vorhanden ist, an der er um ihrer selbst willen interessiert ist; zweitens: daß in dieser Sachlage ein echtes Problem erwächst und damit eine Anregung zum Denken; drittens: daß er das nötige Wissen besitzt und die notwendigen Beobachtungen anstellt, um das Problem zu behandeln; viertens: daß er auf mögliche Lösungen verfällt und verpflichtet ist, sie in geordneter Weise zu entwickeln; fünftens: daß er die Möglichkeit und Gelegenheit hat, seine Gedanken durch praktische Anwendung zu erproben, ihren Sinn zu klären und ihren Wert selbständig zu entdecken." (Dewey 1964, S. 218).

Die Lernpsychologie definiert Problem folgendermaßen: *"Ein Individuum steht einem Problem gegenüber, wenn es sich in einem inneren oder äußeren Zustand befindet, den es aus irgendwelchen Gründen nicht für wünschenswert hält, aber im Moment nicht über die Mittel verfügt, um den unerwünschten Zustand in den wünschenswerten Zustand zu überführen."* (Dörner 1979, S.10). Gefordert ist also produktives Denken, welches die Barriere überwindet, die den Menschen vom gewünschten Zielzustand trennt.

Dörner unterscheidet drei unterschiedliche Arten von Barrieren:

– die Interpolationsbarriere – bei klaren Zielen und gegebenen Mitteln fehlt die richtige Kombination oder die richtige zeitliche Abfolge;
– eine Synthesebarriere – das Ziel ist bekannt, aber die notwendigen Operationen zur Lösung sind noch unklar;
– die dialektische Barriere – das Ziel ist nur vage bekannt, Lösungsentwürfe müssen auf Widersprüche hin überprüft werden, evtl. geändert werden usw.

Edelmann stellt in seinem grundlegenden Werk zur Lernpsychologie fünf Formen problemlösenden Denkens vor (vgl.Edelmann 1993, S. 332ff.) :

– Problemlösen durch Versuch und Irrtum (Hypothesenbildung, Ausprobieren vor allem am Anfang eines Lernprozesses)
– Problemlösen durch Umstrukturieren (Klärungsprozeß durch Einsicht, Wandlung einer „schlechten" in eine „gute" Gestalt)

- Problemlösen durch Anwendung von Strategien (im Sinne von erprobten Problemlöseverfahren)
- Problemlösen durch Kreativität (divergentes Denken, Inspiration, flexibles, spielerisches Herangehen an Probleme)
- Problemlösen durch Systemdenken (hochkomplexe Problemsituationen, deren Vielzahl von Einflußgrößen vernetzt sind, die zudem eine Eigendynamik entwickeln und deren Zielzustand unklar und widersprüchlich ist, werden durch vernetztes Systemdenken gelöst).

Im Pädagogikunterricht haben wir es mit allen Barrieretypen und allen Formen des problemlösenden Denkens zu tun. Im Sinne eines zeitgemäßen Verständnisses von Erziehung ist es eine zentrale Aufgabe des Pädagogikunterrichtes, die Schülerinnen und Schüler an ein problemlösenden Systemdenken heranzuführen.

Die Lernpsychologen Mandl, Gruber und Renkl von der Universität München gehen davon aus, daß Lernen in Zukunft die problemlösende Eigenaktivität des Lernsubjekts in den Mittelpunkt stellen muß, um nicht nur „träges Wissen", welches in praktischen Anwendungssituationen nicht ausreichend weiterhilft, zu produzieren. *„Ein zentraler Punkt ist das Prinzip, daß an komplexen, authentischen Problemen gelernt werden soll, die zunächst noch einer eingehenden Problemdefinition bedürfen (problemorientiertes Lernen). Dieses Eingangsproblem soll die Lernenden dazu motivieren, sich das relevante Wissen zu erarbeiten. Durch die Einbettung des Lernprozesses in das Lösen bedeutungshaltiger, authentischer Probleme wird Wissen von Anfang an unter Anwendungsgesichtspunkten erworben anstatt in abstrakter Form."* (Mandl u.a. 1993, S. 67).

Diese Position teilen alle neuen konstruktivistischen Ansätze in der Lernpsychologie. Überall ist die Problemorientierung von zentraler Bedeutung (vgl. Dubs 1995 a u.b.).

Übereinstimmend mit konstruktivistischen Positionen stellt Bönsch fest, daß der subjektive Zugang zum Problem, die Problemempfindung, die Problemidentifikation und die Betroffenheit durch ein Problem, mindestens genauso wichtig für den Lernprozeß ist wie die inhaltliche Seite des Problems (vgl. Bönsch 1995, S. 85 ff.). Bönsch plädiert wie die moderaten Konstruktivisten auch dafür, Strukturierungs- und Lösungshilfen durch den Lehrer vorzusehen, diese können auch zunächst für die Bewußtwerdung des Problemgehalts, zur Erzeugung von kognitiven Dissonanzen, notwendig sein. Problemzentriertes Lernen muß also immer an den subjektiven Wahrnehmungen ansetzen, aber nicht bei ihnen stehenbleiben.

Otto Lange schlägt vor, problemlösendes Lernen mit Binnendifferenzierung zu verbinden und Probleme unterschiedlichen Anspruchsniveaus, unterschiedlich begabten Lernern vorzulegen. Er hält es aber für genauso wichtig, die Gleichheit der Lerngruppe zu betonen und zu fördern (vgl. Lange 1991, S. 223 ff.).

Theoretische Kenntnisse, praktische Fertigkeiten, methodische Kompetenzen und Persönlichkeitseigenschaften fließen in der Problemlösefähigkeit zusammen. Diese theoretische und praktische Seite von Problemen machen sie so geeignet, Lernprozesse zu strukturieren und Wissenschafts- und Handlungspropädeutik zu verbinden.

Der Begriff **Problemzentrierung** wurde aus mehreren Gründen gewählt:
- Es handelt sich um ein konzentrisches (vgl. Nitzschke 1988, S.47ff.) Unterrichtsverfahren (im Gegensatz zum linearen Lehrgang). Die Problemstellung

steht im Zentrum, alle methodischen und didaktischen Entscheidungen stehen in Beziehung zur Problemstellung.
- Es handelt sich um ein Verfahren, welches das entdeckende Lernen der Schüler, eine auf das Problem bezogene Suchbewegung, fördern will.
- Es handelt sich um einen Beitrag zur Diskussion um allgemeine Bildung und stellt ganz im Sinne Klafkis pädagogische Schlüsselprobleme in das Zentrum.

Problemzentrierungen können auf der Makroebene ganze Halbjahre organisieren, aber auch kleinere Unterrichtseinheiten oder auf der Mikroebene Einzelstunden. Dementsprechend unterscheiden sich dann natürlich die Probleme in ihrer Reichweite, Barriere und entsprechend notwendigem Problemlöseverhalten.

Problemzentrierte Lernprozesse sind im optimalen Fall spiralförmig vernetzt. Aus gelösten Problemen entstehen neue Bedürfnisse, Fragen, Probleme, die ein neues Ansetzen erforderlich machen. Aber auch noch nicht, bzw. zum Teil gelöste Probleme können es notwendig machen, neue Spiralbewegungen auszulösen, also z.B. noch einmal auf die Ebene des Wahrnehmens zu gehen, um ein neues Phänomen genauer zu betrachten oder eine neu aufgetauchte Facette der Problemstellung weiter zu verfolgen. Auch die individuellen roten Problemfäden können sich spiralförmig durch ganze Halbjahre ziehen.

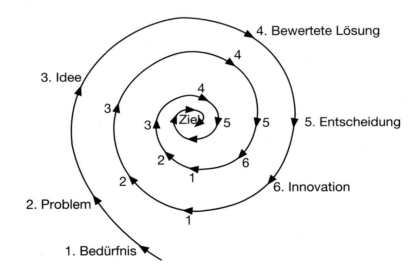

(Innovationsspirale von Bugdahl, 1995, S. 19)

Die Auswahl von allgemeinen problemzentrierten Themenstellungen, die mit den Schülern gemeinsam getroffen wird, sollte sich an folgenden Kriterien orientieren:
– Sie müssen in den jeweiligen Richtlinienrahmen passen;
– es sollte sich um exemplarisch wichtige, pädagogische Schlüsselprobleme handeln;

– Schüler und Lehrer sollten nicht nur objektiv betroffen sein, sondern auch einen subjektiven Zugang zum Problem haben;

– solche Problemzentrierungen sollten bevorzugt werden, die sowohl inhaltlich, als auch methodisch gut zugänglich sind und handlungsorientiertes Arbeiten ermöglichen.

Problemzentrierte Unterrichtsplanung ist prozeßorientierte Planung, die durch Transparenz, Partizipation, Revidierbarkeit und, soweit es die Bedingungen zulassen, Selbststeuerung gekennzeichnet ist.

Mit der folgenden Planungsmatrix 1 möchte ich einen Überblick über die problemzentrierte Organisation des Lernprozesses geben. Diese läßt sich hier allerdings nur in einer zweidimensionalen Matrix darstellen und spiralförmige Vernetzungen können nicht verdeutlicht werden. Die 2. Planungsmatrix verdeutlicht die Möglichkeit, individuelle Problemorientierungen in den Gruppenkontext zu integrieren.

Planungsmatrix 1: Problemzentriertes Lernen im Pädagogikunterricht

Dimensionen des Umgangs mit Erziehungswirklichkeit	Kursaktivität	Methodenbeispiele, wissenschaftsorientiert	Methodenbeispiele, handlungsorientiert
Wahrnehmen, Darstellen, Erkennen	**Auswahlphase** (Vorläufige Problemdefinition/ Vorläufige Zielformulierung)	Thesen, Fragen	Verfahren der Entscheidungsfindung, Kreatives Schreiben
	Einstiegsphase (Subjektiv-biographischer, empathischer, empirischer Zugang zum Problem)	Fallanalyse/empirische Daten/Begriffe, Definitionen	Biographisches Lernen, Statuentheater
	Planungsphase (Endgültige Problem- und Zielformulierung sowie Methodenwahl)	Endgültige Problemdefinition, Zielklärung mit Matrix	
Deuten, Analysieren, Erklären	**Erarbeitungsphase** (Analyse und Bearbeitung des Problems)	Wissenschaftliche Theorien, hermeneutische und empirische Arbeit	Expertenbefragung, Erkundung, Karten-Szenario, Mind-Map
Urteilen, Entscheiden, Stellung nehmen	**Beurteilungsphase** (Beurteilung eigener und fremder Problemlösungs-Konzepte)	Ideologiekritische Analyse, kontroverse Diskussion, Rückbezug zu Thesen und Fragen	Planspiel, Pro- und Kontra-Debatte, Ampel-Spiel
Planen, Simulieren, Handeln	**Anwendungsphase** (Praktische Erprobung der Problemlösungskonzepte)	Dokumentation, Veröffentlichung	Produktion und Handeln im öffentlichen Raum

Planungsmatrix 2: Individualisierung und Kooperation im problemzentrierten Pädagogikunterricht

Gemeinsamer Handlungsrahmen des Gesamtkurses	Individuelle Lernwege	Einzel-, Partner- und Gruppenexkurse
Auswahlphase		
Einstiegsphase	„Mein persönliches Thema" „Warum ist es für mich wichtig?" „Was interessiert mich daran?"	Mein bzw. unser Exkurs Arbeitsteilung im gemeinsamen Handlungsrahmen
Planungsphase	„Was will ich wie klären?" „Wieviel Zeit, welchen Freiraum brauche ich dafür?"	Gliederung/Struktur Arbeitsplanung
Erarbeitungsphase	„Meine Lektüre" „Meine Gespräche"	Literaturrecherche Erkundung Vorbereitung von Kursaktivitäten
Beurteilungsphase	„Mein Fazit" „Eine Antwort auf meine Fragen?"	Einordnen in den Kurszusammenhang Bezüge und Vergleiche
Anwendungsphase	„Mein Produkt"	Input in den Kurs Referate, Facharbeiten …

1.7 Dialogische Didaktik des Pädagogikunterrichts

Lehrerinnen und Lehrer, nicht nur des Faches Pädagogik, stehen heute vor der Notwendigkeit, in zunehmendem Maße konkrete didaktische Entscheidungen selbst zu treffen und deren Sinn und Legitimation vor sich, den Kolleginnen und Kollegen, Eltern, den Schülerinnen und Schülern zu begründen, evtl. kontrovers zu diskutieren und Entscheidungen zu treffen (vgl. Heursen 1996). In den zukünftigen Häusern des Lernens wird der Dialog über allgemein- und fachdidaktische Fragen einen großen Stellenwert einnehmen, da den einzelnen Lehrerinnen und Lehrern, den Kollegien, den einzelnen Schulen größere Selbstgestaltungsfreiräume geschaffen werden. Die Fachdidaktik muß sich auch aus diesem Grund zu einer dialogorientierten Fachdidaktik entwickeln und Hilfen für die dialogische Klärung von Motiven, Zielen, Inhalten und Methoden bereitstellen.

Ich habe in der Einleitung versucht, meine individuellen Erfahrungen und fachdidaktischen Entscheidungen vor ihrem berufsbiographischen Hintergrund ansatzweise zu skizzieren. Ausgehend von der Analyse der Bedingungsfelder des Pädagogikunterrichts im Kapitel 1.2 und der Einbeziehung erziehungswissenschaftlicher Paradigmenwechsel im Kapitel 1.3 habe ich dann Qualifikationen benannt und ausdifferenziert, Kriterien für die Auswahl von Inhalten formuliert und das didaktische Prinzip der Problemzentrierung zur Organisation der Lernprozesse vorgestellt.

Zentraler „Eigensinn" meines Pädagogikunterrichtes ist es, einen Beitrag zu einer Erziehung nach Auschwitz zu leisten und über personen- und problemzentriertes Lernen Selbst- und Fremdachtung zu fördern sowie erzieherische Kompetenz durch praktische und theoretische Auseinandersetzung mit pädagogischen Schlüsselproblemen zu ermöglichen.

Der Begriff dialogische Didaktik enthält eine subjektorientierte Perspektive, die die Dialektik von Subjekt- und Objekt-Sein berücksichtigt und das Subjekt im gesellschaftlichen Kontext (historisch, politisch, kulturell und sozial) begreift, aber subjektivistische Mißverständnisse vermeidet. Die Förderung der umfassenden Entfaltung des Subjkts, im Sinne eines „solidarischen Individualismus"(Beck) ist zentrales Anliegen.

Im Begriff dialogische Didaktik ist die Dialektik von Gleichheit und Differenz im positiven Sinne aufgehoben. Die intersubjektive Anerkennung des Rechtes auf Gleichheit und des Rechtes auf Differenz in dialogischen Prozessen zu fördern, ist gerade für die Thematisierung von Erziehung in Bildungsgängen von besonderer Bedeutung.

Dialogische Didaktik stellt sich in die Tradition einer dialogorientierten Pädagogik, die von Platon/Sokrates, über Korczak bis zu Hartmut von Hentig die Bemühung um eine Pädagogik der Achtung Praxis werden läßt. Schließlich ist im heutigen Verständnis des Begriffes Dialog die systemisch-konstruktivistische Dimension enthalten. So geht die Philosophin und Physikerin Danah Zohar davon aus, daß der Konstruktionsprozeß kognitiver Strukturen in einem selbstgesteuerten internen Dialog im Gehirn verläuft und sie hält den Dialog für *„...das praktikabelste Werkzeug [...], um seine Gedankenwelt neu zu strukturieren."* (Zohar, in Hartkemeyer 1995, S. 28 ff.). Im Qualifikationsfeld Biographie geht es um biographische Lernprozesse im Dialog mit der eigenen Person. Im Qualifikationsfeld Interaktion steht der empathisch-kooperative Dialog mit dem Anderen als Prozeß im Vordergrund. Im Qualifikationsfeld Erziehungspraxis sollen praktische Erziehungsprobleme kreativ-gestalterisch im Sinne einer dialogischen Erziehung bearbeitet werden. Im Qualifikationsfeld Erziehungstheorie soll forschendes Lernen zu konstruierenden, rekonstruierenden und dekonstruierenden Dialogen und theoretischer Kompetenzerweiterung führen.

Diese normative Grundorientierung und ihre fachdidaktische Umsetzung bedarf des Dialogs

- mit sich selbst im Sinne der Klärung eines persönlichen und professionellen Selbstkonzepts;
- mit den Schülerinnen und Schülern, da vor allem personenzentriertes Lernen der gemeinsamen Sinnbasis bedarf;
- mit Fachkolleginnen und Kollegen, auch über Fächergrenzen hinweg, da alle hier auch ein Stück selbstorganisierte Supervision und kollegiale Fortbildung benötigen;
- mit der Schulöffentlichkeit, nicht nur um Transparenz, Akzeptanz und das Ansehen des Faches zu fördern, sondern um gemeinsam zu klären, welchen Beitrag der Pädagogikunterricht zu Schulprofil und Schulprogramm leisten kann.

Der fachdidaktische Dialog auf allen Ebenen läßt den „Gemeinsinn" des Pädagogikunterrichts wachsen und Kraft gewinnen.

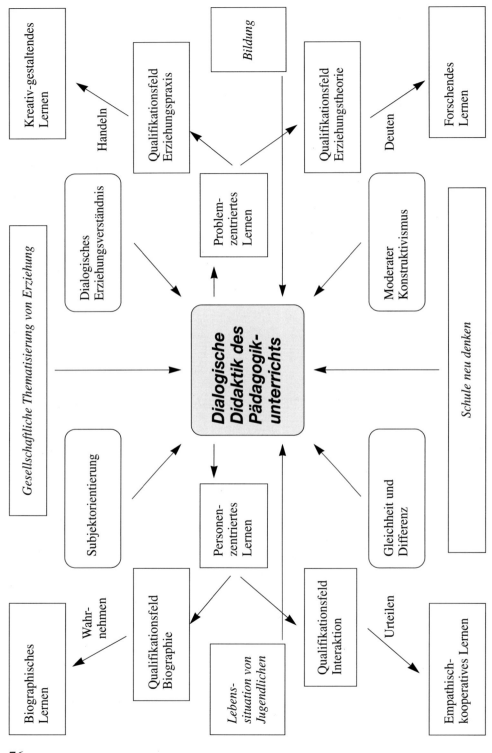

Orientierungs-Punkt

„Die Identität zwischen Erkennen und Handeln zu leugnen, nicht zu sehen, daß jedes Wissen ein Tun ist und das alles menschliche Tun sich im In-der-Sprache-Sein abspielt und somit ein soziales Geschehen ist, hat ethische Implikationen. Denn hier geht es um die Menschlichkeit, und eine solche Leugnung bedeutet im Grunde, menschliche Wesen nicht als Lebewesen zu sehen. Das zu tun - im Wissen, daß wir wissen -, würde von Selbsttäuschung zeugen. Was immer wir in irgendeinem Bereich tun, sei es etwas Konkretes wie das Gehen oder etwas Abstraktes wie philiosophische Reflexion, bezieht unseren gesamten Körper mit ein. Jedes Tun vollzieht sich nämlich durch unsere strukturelle Dynamik und unsere strukturelle Interaktionen. Alles was wir tun, ist ein struktureller Tanz in der Choreographie der Koexistenz."

(Humberto R. Maturana/Francisco J. Varela, Der Baum der Erkenntnis, München 1987, S. 267, Die Autoren sind die bekanntesten Vertreter einer konstruktivistischen Biologie der Kognition.)

1. Aus welchem Kontext kommt die Argumentation?

2. Was ist die persönliche Botschaft für mich?

3. Was kann ich für meinen Arbeitszusammenhang damit anfangen?

2. Methodische Aspekte –
Wege zur „denkenden Erfahrung" (Dewey)

Ulrich Beck beginnt sein Buch „Die Erfindung des Politischen" mit einem Verweis auf Kandinsky, der 1955 einen Aufsatz mit dem Titel „und" veröffentlichte. Kandinsky ging davon aus, daß das 19.Jahrhundert vom „entweder/oder Denken" bestimmt war, während das 20.Jahrhundert ein „und-Denken" erfordert. Für Beck wird dieser Gedanke das Leitmotiv seiner Erfindung des Politischen.

„Denkende Erfahrung" ist ein solches „und-Motiv".

Der Stand der Lernpsychologie macht deutlich, daß kein Denken ohne Handeln auskommt und kein Handeln ohne Denken. Der Begriff Handlungspropädeutik ist als bildungspolitischer Kampfbegriff gegen die schulische Reduzierung der Wirklichkeit auf ein DinA4-Format und gegen eine Entsinnlichung des Lernens berechtigt, aber die Opposition zur Wissenschaftspropädeutik ist nur eine scheinbare. Handeln ist nicht ohne Wissen denkbar und Wissen nicht ohne Handlung.

Bei einer Erfindung des Methodischen, dem Neu-Denken der Methode geht es um die Überwindung der Polaritäten: Wissen und Intuition, Subjekt- und Wissenschaftsorientierung, Ganzheit und Einzelheit, Kreation und Bewahrung, Sytematik und Lyrik, Individualisierung und Kooperation, Fakten und Fiktion, Links- und Rechts-Modus, Denken und Handeln.

Vielseitigkeit, Ganzheitlichkeit, Differenziertheit, Vernetzung, Kreativität, die Eigenständigkeit des Denkens... erst wenn dies keine Schlagwörter mehr sind, sondern realisierte Prinzipien von Pädagogikunterricht, ist das Methodische neu gedacht.

Kleine Schritte in diese Richtung möchte ich nun darstellen.

Gedanken-Spiel

Vor welchem methodischen Problem stehen Sie?
Pinwand mit 20 Kreativitätsimpulsen:

Wer aufhört, besser werden zu wollen, hat aufgehört, gut zu sein! Womit sind Sie unzufrieden?	**Das habe ich schon immer so gemacht!** Wo sollten Sie sich von alten Gewohnheiten trennen?	**Werden Sie mal „verrückt"!** Was würde ein Narr Ihnen raten? Was wäre die verrückteste Lösung?	**Knüpfen Sie am Positiven an!** Was läuft besonders gut? Was könnte auf das Problem übertragen werden?
Wer hindert Sie daran, neu zu denken? Welche Gegenargumente haben Sie? Wie können Sie ihn überzeugen?	**Tun Sie etwas Gutes und machen Sie es bekannt!** Warum sollten andere Ihren Pädagogikunterricht gut finden?	**Denken Sie wie ein Kind!** Wie sieht die kindlich-naive Lösung des Problems aus?	**Denken Sie in Analogien!** Mit was könnte man das Problem vergleichen? Welche Lösung gibt es in dem anderen Bereich?
Wechseln Sie die Perspektive! Wie sieht zum Beispiel ein Schüler das Problem?	**Verknüpfen Sie Ihr Problem!** Welche gut funktionierende Lösung eines anderen Problems können Sie mit Ihrem verknüpfen?	**Träumen Sie!** Welche Gestalt nimmt das Problem im Traum an? Wie sieht die Traumlösung aus?	**Wandeln Sie Ihre Ideen immer wieder um!** Aus Neuem entsteht Neues! Aus vielen Vorschlägen können Sie wählen!
Was wäre, wenn...? Woran würden Sie erkennen, daß das Problem nicht mehr da wäre? Was wäre, wenn Sie zaubern könnten? Was würden Sie verzaubern?	**Was ist das Nächstliegende?** Manchmal sieht man den Wald vor lauter Bäumen nicht!	**Stellen Sie Vergleiche an!** Gibt es z.B. in der Natur ein ähnliches Problem? Wie wird es dort gelöst?	**Nutzen Sie alle Sinne!** Wie sieht das Problem aus? Wie fühlt es sich an? Wie kann man es hören? Riecht es?
Was ist typisch an dem Problem? Taucht es immer wieder auf? Ist es ein strukturelles Problem? Was heißt das für die Lösung?	**Vertrauen Sie dem Zufall!** Suchen Sie ein beliebiges Wort aus dem Duden oder schauen Sie aus dem Fenster und nehmen Sie den ersten Gegenstand, den Sie sehen. Schlagen Sie eine Brücke zu Ihrem Problem.	**Plündern Sie andere Problemlöser!** Wer hat in anderen Bereichen Lösungsvorschläge für ähnliche Probleme gemacht? Was können Sie übernehmen?	**Tun Sie das Ungewohnte!** Bringen Sie sich aus dem Trott! Tun Sie bewußt das, was Sie sonst nicht tun!

Wenn ein Vorschlag hilft, hat die Pinwand ihren Zweck erfüllt. Bei einem anderen Problem hilft vielleicht ein anderer Vorschlag.

2.1 Methodische Prinzipien –
Nach welchen Kriterien wähle ich Wege aus?

Wenn man vom Ursprung des Wortes ausgeht, sind Methoden Wege. Wege führen von gewählten Ausgangs- zu gewählten Zielpunkten.

Die Entscheidung, welche Wege ich einschlage, kann also von der einen Seite her durch die gewählten Ziele geleitet werden. Die Art des Weges, den ich wähle, hat aber auch Konsequenzen auf die Möglichkeiten, wie ich diesen Weg zurücklegen kann, was mir auf diesem Weg begegnet, ob er beschwerlich oder leicht zu gehen ist, ob ich ihn gemeinsam mit anderen oder alleine gehe, mit und ohne Führung. Irrwege und Umwege müssen manchmal gegangen werden, um den „richtigen" Weg zu finden. Manchmal ist Innehalten wichtig – ein Rückblick, ein Ausblick.

Der Weg, das bewußte Gehen und Genießen des Weges, das gemeinsame Bewältigen von Hindernissen, das Lernen, sich zu orientieren – all dies hat seinen eigenen Wert, der manchmal genauso wichtig ist, wie das Erreichen des Ziels (vgl. Meueler 1994, S. 13).

Der Weg ist im Pädagogikunterricht im Regelfall nicht das Ziel. Methoden stehen aber im engen Wechselwirkungsverhältnis zu Zielen und Inhalten.

Wenn zum Beispiel die Pädagogik der Achtung des Janusz Korczak im Unterricht thematisiert werden soll, ist nicht nur die Frage der Zielperspektive von Bedeutung. Genauso wichtig ist die Frage, ob sich in der methodischen Gestaltung des Lernprozesses Achtung vor dem erkennenden Subjekt ausdrückt. Eine Kongruenz von Zielen, Inhalten und Methoden zu erreichen, ist ein sehr hoher Anspruch. Diese Kongruenz aber völlig zu verfehlen, würde eine unterrichtliche „double-bind-Situation", eine schnell zu durchschauende Doppelbödigkeit erzeugen.

Zudem entspricht die Verschränkung von Fühlen, Denken, Erfahren und Handeln in besonderem Maße dem Verständnis von Pädagogik als Handlungswissenschaft.

„Zur Pädagogik gehört die möglichst umfassende Kenntnis des Objektiven (pädagogisches Wissen und pädagogische Erfahrung); zur Pädagogik gehört die Fähigkeit, das Subjektive wahrzunehmen und zu verstehen, sowie es in bestimmter Weise mit dem Objektiven zu verbinden (praktisches pädagogisches Können); und schließlich gehört zur Pädagogik, vorhandenes pädagogisches Wissen und pädagogisches Können durch allgemeinen Erkenntnisgewinn zu erweitern (pädagogische Wissenschaft)." (Lauff/Homfeldt 1981, S. 252).

Im folgenden möchte ich daher methodische Prinzipien und ausgewählte Beispiele vorstellen, die nach meiner Erfahrung helfen, ein kongruentes Verhältnis von Zielen, Inhalten und Methoden herzustellen.

Die vier dargestellten Prinzipien ergänzen sich, überschneiden sich – in konkreten Lehr-Lernakten sind sie immer zugleich präsent, nur mit unterschiedlicher Schwerpunktsetzung.

2.1.1 Biographisches Lernen – Wege zum Ich

Bereits im Kapitel zur Notwendigkeit biographischer Selbstreflexion für Pädagogiklehrer habe ich den Begriff biographisches Lernen inhaltlich definiert.

Schülerinnen und Schüler des Faches Pädagogik stehen einerseits vor der gleichen Notwendigkeit, da auch sie sich auf pädagogisches Handeln vorbereiten und auch in der Gegenwart schon pädagogisch Handelnde sind. Biographisches Lernen erfüllt hier aber noch eine andere Funktion. Erst durch die Gewinnung der biographischen Bedeutung eines Lerngegenstandes wird signifikantes Lernen möglich. Daher sollte bei jedem Lerngegenstand die biographische Dimension erschlossen werden.

Biographisches Lernen als Rekonstruktion der eigenen Biographie unter einer thematischen Perspektive bringt das erkennende Subjekt und das zu erkennende Objekt zu einer Teilidentität (vgl. Schiek 1996, S. 1312 ff.), trägt durch die thematische Perspektive und den thematischen Rahmen zu einer Objektivierung und durch die kommunikative Verarbeitung zu einer Intersubjektivierung der individuellen Erfahrung bei.

Im Rahmen schulischen Pädagogikunterrichtes müssen jedoch einige Prinzipien, auch als Vorsichtsmaßregeln, beachtet werden:

Zehn Grundsätze biographischen Lernens:
1. Biographisches Lernen sollte die Lehrerin/der Lehrer nur in solchen Lerngruppen initiieren, die sie/er gut kennt und in denen ein konstruktives Klima vorhanden ist.
2. Sinn, Möglichkeiten und Grenzen biographischen Lernens sollten mit der Lerngruppe thematisiert werden, um zu klaren Vereinbarungen zu kommen.
3. Im Vordergrund biographischen Lernens sollten immer wieder positive, bestärkende, mutmachende Aspekte stehen.
4. Die Lehrerin/der Lehrer sollte nur die Übung anbieten, bei der sie/er als Teilnehmer ein gutes Gefühl hat. Nichts von Schülern verlangen, was man selbst nur widerwillig macht. Die Lehrerin/ der Lehrer als Teilnehmer(in) ist in seiner Art der Teilnahme auch Modell.
5. Die Lehrerin/der Lehrer sollte vorzugsweise Übungen anbieten, die sie/er aus der Teilnehmerperspektive (z.B. aus der Fortbildung) kennt.
6. Die Lehrerin/der Lehrer muß sehr sensibel auf Grenz-Signale achten und entsprechend darauf reagieren.
7. Ein gestuftes Auswertungsverfahren, das der Schülerin/dem Schüler überläßt, welche Veröffentlichung sie/er macht, schützt vor überfordernden „Outing"-Situationen.
8. Es sollten vielfältige Methoden eingesetzt werden. Monotone Rituale erzeugen auch hier Übersättigung.
9. Besonders vorteilhaft ist es, Schülerinnen und Schülern die Auswahl der Methode zu ermöglichen.
10. Biographisches Lernen benötigt Zeit, relative Ruhe und Atmosphäre.

2.1.2 Empathisches und kooperatives Lernen – Wege zum und mit den anderen

Eine weitere selbstreflexive Erfahrungsebene bietet die Beziehungsebene in der Lerngruppe. Struktur und Dynamik, Rollenfunktionen und Rollenverhalten, Klima und Selbstverständnis der Gruppe – all dies sind Aspekte, die der Analyse zugänglich sind.

Eine konstruktive Atmosphäre, für biographisches Lernen als Voraussetzung genannt, ist hier in gewisser Weise auch Voraussetzung, zugleich aber auch ein permanentes Ziel, welches man erst mit Lernprozessen schaffen, stabilisieren oder ausbauen kann. Das Gruppenklima, die Lehrer(in)-Schüler(in)-Beziehung, die Schüler(in)-Schüler(in)-Beziehung ist gelebte Erziehungswirklichkeit, die wahrgenommen, analysiert, beurteilt und gestaltet werden kann. Achtung als pädagogische Schlüsselkategorie gewinnt hier konkrete Beziehungsgestalt oder wird zum Wegweiser für Veränderungsprozesse.

Das Modellverhalten des Lehrers, der Kurs als systemisches Ganzes, die Außenbeziehungen, dies sind Elemente der tagtäglichen Erziehungspraxis, die als Sachen/Inhalte geklärt werden können und müssen, um die agierenden Menschen zu stärken. Damit dieser stärkende Aspekt zum Tragen kommt, müssen auch hier Grundsätze beachtet werden:

1. Die Beziehungsebene sollte von Anfang an in den Blick genommen werden, damit nicht erst Störungen ihre Thematisierung erzwingen.
2. Die Art und Weise, wie die Mitglieder einer Lerngruppe miteinander ihre Lebens- und Lernzeit gestalten wollen, sollte so thematisiert werden, daß alle Beteiligten ihre Wahrnehmungen zum Ausdruck bringen können.
3. Der einfühlsame und achtende Umgang miteinander kann trainiert werden. Techniken aktiven Zuhörens, konstruktives Feedback, Modelle der Konfliktregelung sollten nicht nur inhaltlich/theoretisch erörtert, sondern praktisch erprobt werden. (*Phoenix*, Band 1 bietet hier für das Halbjahr 11/1 viele Möglichkeiten.)
4. Kooperation in der Partner- und Gruppenarbeit erfordert viel Training, aber auch Kenntnisse über Interaktionsprozesse sowie prozeßbegleitende Reflexion und Evaluation.
5. Positive, konstruktive, mutmachende Sichtweisen sollten im Vordergrund stehen, ohne Konflikte zu verschleiern. Im systemischen Sinne sollte es nicht um vereinfachende und blockierende Schuldzuschreibungen für Dysfunktionen gehen, sondern um Einsicht in komplexe Interdependenzen und um Erweiterung von Handlungsmöglichkeiten.
6. Die bloße Aufdeckung von dysfunktionalen Strukturen oder Prozessen kann verhärtende Wirkungen haben, dies haben Erfahrungen mit Soziometrie gezeigt.
7. Die Grundsätze zum Schutz vor Überforderung, wie sie zum biographischen Lernen formuliert wurden, gelten auch hier. Es sollten also auch hier keine überfordernden Outing-Situationen geschaffen werden, Grenzsignale sollten respektiert werden.
8. Für die Lehrerin und den Lehrer ergibt sich die Notwendigkeit der intensiven Fortbildung auf diesem Gebiet, da sich allein durch Lektüre keine ausreichenden Kompetenzen zur Förderung von Empathie und Kooperation herstellen lassen. Supervision wäre eine ideale und sehr notwendige Ergänzung.

2.1.3 Forschendes Lernen – Wege erziehungswissenschaftlicher Erkenntnis

Das Motto „*Wir müssen Denken lehren, nicht Gedachtes.*" (Herold 1995, S. 4 f.) ist als Provokation, als Denkanstoß gegen eine „Nürnberger-Trichter-Didaktik" berechtigt und geeignet, verkürzt aber das Problem, um das es geht. Die Aneignung von Gedachtem, etwa durch Lesen, ist ja keineswegs ein passiver Vorgang, ohne eigenes Denken. Es ist weder sinnvoll noch möglich, alles neu zu denken. Entscheidend ist vielmehr die Perspektive auf Gedachtes und die Möglichkeit für Lernende, diese Perspektive gemeinsam mit Lehrenden neu zu konstruieren.

Orientiert an der systemisch-konstruktivistischen Pädagogik von Kersten Reich (Reich 1996) lassen sich folgende Grundsätze für forschendes Lernen formulieren (die biographische, die interaktive und die kreativ-gestaltende Ebene muß hier immer mitgedacht werden – forschendes Lernen ist hier nicht als rein kognitiver Akt gedacht):

1. *„So viel Konstruktion wie möglich!"* (ebd., S. 122)
Für den Pädagogikunterricht könnte dies heißen:
– So oft wie möglich Lernausgangssituationen schaffen, in denen Schülerinnen und Schüler die Freiräume der Richtlinien zur Generierung eigener Fragen (individueller und kollektiver) nutzen können, damit sie ihre Perspektive auf den Lerngegenstand formulieren können.
– So oft wie möglich reale Wahlmöglichkeiten bieten und die Schülerinnen und Schüler an der Planung von Inhaltsauswahl, Methoden- und Medieneinsatz, Sozialformen usw. beteiligen, so daß sie an der Konstruktion von Lernlandschaften und Lernwegen beteiligt sind.
– So oft wie möglich Schülerinnen und Schülern die Möglichkeit eröffnen, eigene Thesen zu formulieren, bevor man sich mit den Thesen von Erziehungswissenschaftlern auseinandersetzt, damit sie erziehungswissenschaftliche Theorie als Antwort auf die von ihnen konstruierten Fragen begreifen.
– So oft wie möglich projektförmig arbeiten, damit Schülerinnen und Schüler ihren Lernweg selbständig gehen und die Vorgehensweise erziehungswissenschaftlicher Forschung mit den Möglichkeiten schulischen Lernens nachvollziehen können.
– So oft wie möglich produktorientiert arbeiten, damit Schülerinnen und Schüler ihren durch eigene Konstruktionsarbeit gewonnenen Ergebnissen konkrete Gestalt geben können.

2. *„Keine Rekonstruktion um ihrer selbst willen!"* (ebd., S. 133)
Wissenschaftspropädeutischer Pädagogikunterricht muß neben einer allgemeinen Einführung in wissenschaftliches Arbeiten und einer Einführung in die Methoden der Erziehungswissenschaft auch zentrale inhaltliche Erkenntnisse und Kontroversen der Erziehungswissenschaft vermitteln.
Diese Rekonstruktionsarbeit gewinnt konstruktive Elemente, wenn sie in den Frage- und Sinnhorizont der Lernenden eingebettet wird. Um „träges Wissen" zu vermeiden, muß es in den Problem- und Anwendungskontext gestellt werden, der von der Lerngruppe mitkonstruiert wurde.
Rekonstruktion heißt in diesem Sinne auch Rekonstruktion eigener Anteile (biographische Dimension) und Prozeßverläufe (interaktive Dimension).

3. *„Keine Konstruktion ohne Ver-Störungen!"* (ebd., S.140)
Keine Konstruktion, keine Rekonstruktion ist die einzige aller Möglichkeiten. Keine Konstruktion geschieht im luftleeren Raum, sondern immer in strukturellen und sozialen Kontexten. Daher ist es notwendig,
– durch Be- und Verfremdung Betrachtungsstandpunkte zu erschüttern;

- durch Perspektivwechsel andere Sichtweisen einzunehmen;
- die Interessengebundenheit von inhaltlichen und methodischen Positionen offenzulegen und ideologiekritisch zu überprüfen;
- Komplexität, Pluralität und Vernetzheit immer wieder einzufordern.

2.1.4 Kreativ-gestalterisches Lernen – Neue Wege pädagogischen Handelns

In dieser Formulierung sind vier Komponenten verwoben, die zunächst in ihrer jeweiligen Bedeutung skizziert und dann in ihrem Zusammenspiel für den Pädagogikunterricht nutzbar gemacht werden sollen.

Der Begriff Kreativität ist in Mode gekommen, seine häufige Nutzung deutet auf Krisenhaftes hin – das Neu-Denken erscheint in vielen Bereichen als überfällig.

Unternehmer, Wissenschaftler aller Sparten, Politiker fordern gerade auch von der Schule, kindliche Kreativität nicht zu zerstören, sondern intensiv zu fördern, da Sachkompetenz ohne kreative Problemlösekompetenz für die Bewältigung von Zukunftsaufgaben nicht ausreicht (vgl. Bugdahl 1995, S. 8, 12ff.).

Eckart Liebau fordert aber zu Recht in seinem Einleitungsbeitrag zum Themenheft Kreativität der Zeitschrift Pädagogik, daß es nicht um die Förderung einer formalen Allgemeinqualifikation geht, sondern um einen inhaltlich eingebundenen Beitrag zur subjektorientierten Bildung und um eine Synthese von Phantasie und Geist. *„Kreativität, das ist doch, wenn meine Gedanken und Gefühle in meine Hand gehen und die anderen das dann mitkriegen."* So definiert ein türkischer Hauptschüler Kreativität (zit.in: Kagerer 1995, S. 12). Kreativität ist immer, neben dem Subjekt- und Sozialbezug, auf Gestaltung und Handlung gerichtet.

Der Begriff Gestaltung bzw. Gestalt geben ist hier durchaus im gestaltpsychologischen bzw. gestaltpädagogischen Sinne zu sehen.

Gestalt steht für
- Dynamik und Prozeß (hin zu einer Ganzheit)
- Polarität und Differenz (die Beziehung der Elemente)
- Vielfältigkeit (die vielen Seiten der Elemente)
- Einheit (die aus komplementären Teilen besteht)

(vgl. Buchholz 1985, S. 38 und Burow 1988).

Auch Erziehung kann in diesem Sinne als Gestalt betrachtet werden, als Hilfe auf dem Weg zur guten Gestalt, zum „großen Ich" (Löwenthal, s. hierzu *Phoenix,* Bd.2, Themenkreis 3.2), als Angebot in einem Prozeß, der sich vor dem Hintergrund historischer, kultureller, politischer und sozialer Rahmenbedingungen abspielt, hochkomplex und vielfältig ist und dennoch immer in einer konkreten Gestalt, in einer erzieherischen Handlung sich manifestiert.

Handlung, im Sinne einer erzieherischen Handlung, ist Ausgangspunkt jeglicher Pädagogik als Handlungswissenschaft und zugleich Zielpunkt unter dem Leitaspekt der Optimierung erzierischen Handlung auf dem Weg zur Mündigkeit (vgl. Wigger 1993, Haft/Kordes 1984, Fellsches 1981).

Pädagogisches Handeln im Unterricht kann sich auf fünf Ebenen abspielen:
- Reflexion und bewußte Gestaltung der erzieherischen Beziehung in der Lerngruppe
- Handelnde Aneignung von Lerngegenständen im engeren Sinne einer handlungsorientierten Methodik des Unterrichts

- Produktorientierte Gestaltung von Lernständen
- Simulation und Reflexion erzieherischen (Fremd-)Handelns
- Erzieherisches Handeln im engeren Sinne, in dem Schülerinnen und Schüler sich im Handlungsraum der Schule oder auch darüber hinaus sich erzieherisch betätigen, z.B. als Tutoren für Unterstufen-klassen, in spielpädagogischen Aktionen auf dem Schulhof, in der Hausaufgabenbetreuung usw.

2.2 Spezifische Wege für pädagogische Fragen: Wie ermögliche ich Wahrnehmung, Deutung, Beurteilung und Handlung im Pädagogikunterricht?

Die noch gültigen Richtlinien für das Fach Erziehungswissenschaft in der gymnasialen Oberstufe (vgl. KM 1981) strukturieren Inhaltsbereiche und methodische Vorgehensweise überwiegend nach dem Dreischritt: Erscheinungsformen, Analyse, Pädagogische Handlungsformen. Die Richtlinien für die gymnasiale Oberstufe in Brandenburg (vgl. Ministerium für Bildung..., 1992) und die Richtlinien Erziehungswissenschaft für die Sekundarstufe I Ministerium für Schule und Weiterbildung, 1995) strukturieren methodische Zugriffsweisen in vier Schritten: Wahrnehmen und Beschreiben, Analysieren und Verstehen, Urteilen und Entscheiden und Planen und Handeln.

Diese vier Ebenen der Auseinandersetzung mit Erziehungswirklichkeit lassen sich aber auch im alltäglichen Erziehungshandeln wiederfinden, ohne daß es den Agierenden immer bewußt wäre. Auch die wissenschaftliche Auseinandersetzung mit Erziehungswirklichkeit enthält diese vier Ebenen. Ebenso lassen sich diese Ebenen im professionellen pädagogischen Handeln bzw. in der Ausbildung für professionelles pädagogisches Handeln wiederfinden. Daher ist es plausibel, diese vier Ebenen auch strukturierend für die Auseinandersetzung mit Erziehungswirklichkeit im Pädagogikunterricht zu nutzen.

Für die Zielformulierung wurden diese Dimensionen schon zur Ausdifferenzierung der Qualifikationen in einer Matrix genutzt. Hier sollen sie für die Auswahl von Methoden und als Anregungspotential für Methodenvielfalt genutzt werden (s. Matrix S. 87). Ausgewählte methodische Beispiele werden dann ausführlich vorgestellt.

Die Trennung der vier Ebenen des Umgangs mit Erziehungswirklichkeit ist eine künstliche, theoretische Trennung. Im menschlichen Handeln, vielmehr im Denken, Fühlen, Wollen und Handeln, ist sie so nicht vorhanden und auch die neueren Ergebnisse der Hirnforschung und der Wahrnehmungspsychologie verdeutlichen, daß z.B. Wahrnehmung immer ein Akt auch der Bedeutungsentnahme bzw. Bedeutungszuschreibung ist. In unseren Wahrnehmungs- und Deutungsmustern sind immer Elemente der Erklärung, der Beurteilung und der Handlungsplanung enthalten. Im wissenschaftspropädeutischen Sinne ist diese künstliche Trennung aber durchaus sinnvoll. So ist es sinnvoll, zunächst auf einer möglichst genauen Beschreibung der Erscheinungsformen im erzieherischen Bereich zu bestehen, bevor Deutungen, Interpretationen und Identifikationen erfolgen. Es ist aber genauso sinnvoll und notwendig, in Wahrnehmungsexperimenten, etwa aus der kognitiven Lernpsychologie, erfahrbar zu machen, daß unsere Wahrnehmung immer auch Deutungselemente enthält.

Die Perspektivität wissenschaftlicher Erklärungsansätze deutlich zu machen, ist ebenfalls eine wichtige wissenschaftspropädeutische Aufgabe des Pädagogikunterrichts. Voraussetzung hierfür ist natürlich erst einmal ein immanentes Verständnis und Praktizieren-Könnens unterschiedlicher erziehunswissenschaftlicher Ansätze. Daher ist dem Vorschlag von Gunter Derichs zuzustimmen, wissenschaftspropädeutische Strukturlinien durch das gesamte Curriculum zu ziehen, um so spiralförmig einen erfahrungs- und theorieorientierten Einblick in wissenschaftliche Arbeitsweisen zu geben (vgl. Derichs 1990). Diese Strukturlinien müßten um biographische, interaktive und methodische Strukturlinien ergänzt werden und problemzentriert eingebunden werden. In dem neuen Schulbuchwerk Phoenix haben wir versucht, solche spiralförmigen vielfältigen Strukturlinien zu realisieren.

Die Fähigkeit zur begründeten, fundierten und differenzierten Stellungnahme, die Bereitschaft, kontrovers zu denken, einen Perspektivwechsel vorzunehmen, die Fähigkeit, scheinbar objektive Positionen auf ihren Interessenhintergrund zu befragen, die Offenheit, Gewohntes und Bekanntes infrage zu stellen – all dies sind Schlüsselqualifikationen, die nicht oft genug trainiert werden können. Zum Teil ist es notwendig, mit Verfremdungs- und Befremdungstechniken zu arbeiten, damit Schülerinnen und Schüler ihre Wahrnehmungs- und Deutungsmuster hinterfragen.

Der Schonraum der Simulation bietet hier gute Möglichkeiten, eine völlig neue Perspektive einzunehmen.

2.2.1 Einüben in „Selbstverstehen" – Varianten biographischen Lernens

An vielen Stellen in der problemzentrierten Halbjahresplanung lassen sich selbstreflexive methodische Elemente integrieren. In der Einstiegsphase ist es unverzichtbar, um subjektive Zugänge zum Thema, wenn möglich sogar individuelle Lernwege entstehen zu lassen.

Aber auch in Erarbeitungs- und Beurteilungsphasen lassen sich biographische Verfahren einbauen, um z.B. die Erklärungskraft theoretischer Ansätze für den eigenen Erfahrungshorizont erfaßbar werden zu lassen.

Über diesen integrierten Einsatz hinaus kann biographisches Lernen aber auch in Kursen, die damit etwas anfangen können und wollen, einen fest installierten Zeitraum erhalten.

So kann eine „Extra-Stunde", mit festem Termin in der Woche eingerichtet werden, auf den sich alle Beteiligten dann auch einstellen können.

Wenn man sich vergegenwärtigt, daß Leistungskurse oft wegen Lehrermangel um eine Stunde gekürzt werden, kann man sich sicher dazu entschließen, eine Stunde pro Woche für biographisches Lernen vorzusehen. Es wird im Fach EW nicht an der Stoff-Fülle scheitern und der Motivationsgewinn wird den Zeitverlust sicher kompensieren. In dreistündigen Grundkursen könnte ein vierzehntägiger Rhythmus angebracht sein.

Um hier nicht in neue Rituale zu verfallen, sollte die „Extra-Stunde" aber für vielfältige Angebote offen sein.

Ebenen des Umgangs mit Erziehungswirklichkeit

Felder der Qualifikation für pädagogisches Handeln	Wahrnehmen, Erkennen, Darstellen,	Deuten, Analysieren, Erklären	Urteilen, Entscheiden, Stellung nehmen	Planen, Simulieren, Handeln
Biographie	Biographisches Schreiben Phantasiereise Kreatives Schreiben und Gestalten...	Theoriegeleitete Reflexion (Was haben Theorieansätze mit mir und meiner Lebensgeschichte zu tun?) Wie interpretiere ich meine Biographie vor dem Hintergrund unterschiedlicher Theorieansätze?...	Prioritätenspiel Übungen zur Lebensplanung...	Phantasiereise und biographisches Schreiben zur Antizipation on individueller Zukunft...
Interaktion	Gruppendynamische Übungen und Interaktionsspiele Soziometrische Methoden Prozeßanalyse Statuentheater...	Austausch von Wahrnehmungen Reflexion der Perspektivität Theoriegestützte Auswertung...	Prioritätenspiel Pro- und Contra-Diskussion Feedback-Übungen Evaluation Entscheidungsspiele...	Projektplanung und -durchführung Statuentheater Skulpturarbeit Simulationsspiele...
Erziehungspraxis	Methoden der empirischen Sozialforschung Expertenbefragung Erkundung, Fallanalyse Produktive und rezeptive Medienarbeit...	Austausch von Wahrnehmungen Reflexion der Perspektivität Theoriegestützte Auswertung...	Pro- und Contra-Diskussion Planspiel Ampelspiel...	Zukunftswerkstatt Rollen-Planspiel Soziodrama Praktikum, Tutorentätigkeit Präsentation und öffentliche Aktion Fallberatung...
Erziehungstheorie	Empirische Datenerhebung (qualitativ und quantitativ) Hermeneutische Quellenarbeit Definitionen...	Erarbeiten von Hypothesen, Modellen und Erklärungsansätzen Methoden der Textarbeit: z.B. zergliedernde Analyse...	Ideologiekritische Analyse Kontroverse Diskussion: z.B. fiktiver Streit der Experten Stellungnahme...	Handlungsbezug von Theorie in Planspiel u.a. simulieren...

> Die Extra-Stunde
>
> ausruhen
> auf Erreichtem
> nicht ständig jagen
> nach mehr und mehr
> innehalten
>
> Die Extra-Stunde nutzen für:
> - Kreatives Schreiben
> - Das Führen und Austauschen des Pädagogik-Journals
> - Beziehungspflege im Kurs – Gruppendynamik
> - Schüler machen Unterricht • und und und...

Das Journal

Das Journal ist eine Mischung aus persönlichem Tagebuch, Notizen für Gedanken zum Thema, Skizzenbuch für Pläne, Raum für Collagen, Gedichte, Fotografien usw. .

Bekannte Wissenschaftler und Künstler (da Vinci, Darwin, Freud, Einstein, Marx u.a.) haben ein solches Journal geführt. So können Ideen gesammelt, Erfahrungen festgehalten, Einschätzungen dokumentiert und Entwicklungen für eine spätere Betrachtung festgehalten werden.

„Das Führen eines Journals kann den Schreiber lehren, wer er ist, woher er kommt und wohin er will. Es leistet ein wenig Selbstanalyse und Selbsterfahrung in wissenschaftlichen Lernprozessen." (von Werder, 1992, S. 17).

Nicht jede Schülerin/jeder Schüler möchte vor allen Kursmitgliedern, mit jedem oder mit der Lehrerin/dem Lehrer über solche persönlichen Dinge sprechen. Deshalb bietet das Journal einen Weg, auf dem jeder seinen persönlichen Fragen nachgehen kann und sich auf dem Stück Weg Begleitung im Dialog (evtl. Schreibdialog) über die Eintragungen holen kann.

Das Journal hat also eine gewisse Ähnlichkeit mit dem privaten Tagebuch, es ist aber wichtig, auf Unterschiede hinzuweisen. Gudrun Maciejewski hat in ihrer Staatsexamensarbeit im Fach Pädagogik die Bedeutung des Tagebuchschreibens bei jugendlichen Mädchen untersucht und folgende Funktionen herausgestellt:

- Das Tagebuch ist Ersatz für den fehlenden Gesprächspartner.
- Das Tagebuch dient der Abgrenzung von der Umwelt.
- Das Tagebuch hilft bei Selbsterkenntnis und Identitätsbildung.
- Es hat Erinnerungs- und Erlebnisaufbewahrungsfunktion.
- Es dient als Ventil.
- Es ist Simulationsraum für Handlungen in der Zukunft. (vgl. Maciejewski, 1988).

Das Journal im Pädagogikunterricht ist im günstigen Fall nicht Abgrenzungsinstrument, sondern soll in den Dialog führen, dies aber auf rein freiwilliger und wechselseitiger Basis. Beim privaten Tagebuchschreiben ist die Aufhebung der Geheimhaltung ein Vertrauensbeweis, dies gilt auch im Pädagogikunterricht. Biographisches Lernen in einer Kursgruppe kann nur in einem Klima des Vertrauens realisiert werden.

Was Milieu, Schulbildung und Sprachbeherrschung betrifft, sind unsere Schülerinnen und Schüler (Jungen führen Tagebuch, wenn sie einen gewissen Abstand von männlichen Rollenklischees haben) typische Tagebuchschreiberinnen und -schreiber.

Allerdings ist der zeitliche Ort des Pädagogikunterrichtes in der jugendlichen Biographie (zumindest was die Oberstufe betrifft) schon nach dem Höhepunkt des jugendlichen Tagebuchschreibens angesiedelt und das Tagebuchschreiben wird zum Teil schon als überflüssig angesehen. Daher ist es wichtig, darauf hinzuweisen, daß das Journal eine Mischform aus persönlichem Tagebuch und wissenschaftsorientiertem Skizzenbuch sowie ein Stück Selbsterziehung des zukünftigen Erziehers darstellt.

Eingebunden in den Kontext des Pädagogikunterrichtes leistet es eine Mischung aus Sach- und Selbstreflexion, mit dem Ziel zu einem differenzierten Selbstbild und einem bewußten pädagogischen Selbstverständnis zu gelangen.

Ein Schreibdialog mit dem Lehrer wird sich wahrscheinlich nur in wenigen, sehr günstigen Fällen ergeben. Bettina Schubert beschreibt in ihrem Buch „Erziehung als Lebenshilfe" (Schubert 1993) einen lang andauernden, sehr intensiven Schreibdialog mit einer iranischen Schülerin im 9. Jahrgang einer Berliner Gesamtschule. In ihrer Klasse führt Frau Schubert außerdem ein offenes Klassentagebuch.

Dies ist als Ergänzung zu individuellen Journalen auch in Pädagogikkursen gut denkbar.

Thematische Schreibanlässe

Hier handelt es sich um eine punktuelle, sehr gezielte, integrierte Form des biographischen Lernens. Eingebunden in einen definierten Lernkontext, z.B. den Einstieg in ein neues thematisches Gebiet, werden Schreibanlässe in Form von Satzanfängen oder Situationsbeschreibungen angeboten, die zunächst individuell genutzt und dann – verallgemeinernd – wieder in den Gesamtkontext eingebunden werden. Zahlreiche Beispiele hierfür befinden sich in *Phoenix* Bd.1 und 2.

Als vorteilhaft hat sich hier eine am Lebenslauf orientierte gestufte Aufgabenstellung herausgestellt, die z.T. antizipatorisch auch die Zukunft miteinbezieht und die so hilft, individuelle rote Fäden und evtl. individuelle Themen herauszukristallisieren. Dies hilft den *„... um einen Brennpunkt herum aufgebauten inneren Erlebnisraum ..."* (Metzinger 1993, S. 23) etwas auszuleuchten und die Perlen der Erlebniskette in einem Sinnzusammenhang zu erfassen. Wobei betont werden muß, daß es sich hier um die subjektiv bedeutsame Sicht der Realität handelt und nicht um die objektive Rekonstruktion von Lebenswegen.

Jürgen vom Scheidt empfiehlt für Schreibseminare, die Teil-Persönlichkeit des „Inneren Schreibers" zu aktivieren und zu kultivieren (vgl. vom Scheidt 1993, S. 101 ff.). Es wird sehr von den Schülerinnen und Schülern abhängen, ob sich ein so weitgehender Vorschlag realisieren läßt.

Kreatives Schreiben

Während thematische Schreibanlässe eher kontextgebunden, eher geschlossen und eher kognitiv ausgerichtet sind, geht es bei den vielfältigen Methoden kreativen Schreibens um das fließende Schreiben, um die relativ offene Entdeckungsreise in unbewußte Gefilde, um lustbetonte, spielerische Formen des Sich-Entdeckens. Hier hat die „Schreibbewegung" (vgl. von Werder 1993) ein variantenreiches Repertoire von Methoden zusammengetragen, welches sich sowohl auf Ergebnisse der Hirnforschung stützt (vgl. Rico 1984), aber auch von spielpädagogischen und psychotherapeutischen Ansätzen profitiert. Beispielhaft sollen hier einige, bewährte Methoden vorgestellt werden, die den Strom der Gedanken zum Fließen bringen:

a) Schnellschreiben

In 6 Minuten wird alles, was an Assoziationen zu einem auslösenden Impuls im Kopf umher geht, in Stichpunkten notiert, ohne innere Zensur und ohne gedankliche Anstrengung. Dieses Material wird nicht veröffentlicht, sondern dient als Ausgangsmaterial für die Weiterverarbeitung mit anderen Methoden.

b) Cluster

Das Schlüsselwort (z.B. Erziehung) wird in die Mitte eines Papiers geschrieben und eingekreist. Ausgehend von diesem Wort werden auch schnell und ohne innere Zensur Assoziationsketten gebildet, die sich immer weiter verzweigen. Auch hier sollte die Zeit begrenzt werden, da es auch hier um den spontanen Fluß der Ideen geht. Ein Doppelcluster kann Gegensatzpaare zum Ausgangspunkt nehmen (z.B. gesund/krank).

c) Mindmap

Ähnlich wie beim Cluster ist der Ausgangspunkt ein Wort in der Mitte. In Haupt- und Nebenästen, auf denen Schlüsselbegriffe notiert werden, wird das Thema ausdifferenziert. Farbige und bildhafte Darstellung erweitern aber die Möglichkeiten des Clusters. Ausführlich vorgestellt und in den inhaltlichen Kontext von Lernpsychologie und Hirnforschung gestellt wird die Mind-Map Methode in *Phoenix* Bd. 2.

d) A-B-C

Zu jedem Buchstaben des Alphabets wird ausgehend von einer Aufgabe ein Wort gesucht, z.B. Das ABC der psychischen Gesundheit/Krankheit. Das kreativ-fließende Suchen bringt z.B. auch gesellschaftliche Stereotypen ans Licht, mit denen sich die/der Schreiber(in), bzw. der Kurs, dann auseinandersetzen kann.

e) 11-Worte-Gedicht

```
       _
      _ _
     _ _ _
    _ _ _ _
       _
```

Die mit den Methoden a) bis c) zusammengetragenen Ausgangsmaterialien können dann z.B. mit der sehr einfachen, aber höchst spannenden und vergnüglichen Form eines 11-Worte-Gedichts eine neue kreative Form finden, die vor allem im emotionalen Bereich sehr hilfreich ist, Gefühle auszudrücken. Ihre formale

Schlichtheit erlaubt es auch Schülern, die sich für nicht sprachtalentiert halten, zu überraschenden Ergebnissen zu kommen.

f) Schreibdialog

Gemeinsam mit einer(m) selbstgewählten Partner (in) tritt man in ein Schreibgespräch ein, welches nach einem Frage-Antwort-Schema verläuft, rein assoziativ oder kommentierend aufgebaut ist.

Entscheidend ist, daß für eine vereinbarte Zeit nur schriftlich kommuniziert wird.

g) Schreibbilder

Schlüsselbegriffe bzw. gedankliche Systeme können z.B. in Naturbildern visualisiert werden. Der „Baum der Erziehung", welche Wurzeln hat er? Welche Äste? Trägt er Früchte? Auch das Bild eines Hauses eignet sich in diesem Kontext.

h) Botschaft von einem anderen Stern

Ein fiktiver, die Phantasie stimmulierender und verfremdender Schreibimpuls bietet hier den Ausgangspunkt für den Fluß der Gedanken, zum Beispiel „Auf der Erde ist das mit der Erziehung so ..." (Idee: Erhard Meueler).

i) Wiederkehrende Elemente

Durch sich wiederholende Schreibanfänge wird ein Impuls gesetzt:

- Ich bin der(die), der(die) immer (nie)...
- Ich bin der(die), der(die) immer (nie) ... usw.

Kernwörter oder Motive, die sich immer wiederholen:

- Ja, ...
- Erziehung ist wie ...

Geschlossener Gedankenkreis:

Einen Text formulieren, bei dem der erste und der letzte Satz gleich ist. Dies stellt auch eine gute Variante dar, mit der Rohmaterial in eine aussagekräftige Form gebracht werden kann.

j) „Fortsetzung folgt..."

Bilder und Geschichten können zum Anlaß genommen werden, seiner eigenen Phantasie freien Lauf zu lassen und sich die Geschichte oder das Bild im wörtlichen Sinne zueigen zu machen. Hierbei kann sowohl das ganz individuelle Schreiben, wie auch das kollektive Schreiben in der Gruppe genutzt werden.

Auch hier steht der assoziativ-kreative Prozeß im Vordergrund und nicht das theoretisch-systematische Denken.

Phantasiereise und Meditation

Beide Elemente können im Unterricht eingesetzt werden, um die Entspannung zu fördern und ein Stück Gesundheitsförderung im Pädagogikunterricht zu leisten.

Im Kontext von biographischer Selbstreflexion können sie aber genutzt werden, um biographisches Material zutage zu fördern, was mit anderen Methoden nicht erreichbar wäre. Dies macht aber zugleich auf Grenzen des Einsatzes aufmerksam. Da es sich bei der Phantasiereise um ein hoch wirksames Verfahren handelt, muß sehr darauf geachtet werden, daß nicht zu stark belastendes Material angesteuert wird. Hier haben die einschränkenden Grundsätze (s.o.) ihre besondere Berechtigung.

Vor allem die Thematisierung im Kurs muß grundsätzlich gestuft organisiert werden, um Überforderungssituationen für alle Beteiligten zu vermeiden.

Eine Phantasiereise ist in mindestens drei Phasen gegliedert:

a) Die Einführung

Die „Reisenden" brauchen Zeit und Atmosphäre, sich zu entspannen. Es ist außerordentlich wichtig, daß diese Phase lang genug andauert, sonst erreicht der „Reisende" sein „Ziel" nicht.

b) Den thematischen Zielbereich

Behutsam wird dann in einem Arrangement, welches Distanzierung zuläßt, die biographische Station aufgesucht und ausgeleuchtet.

c) Die Rückkehr

Genauso langsam, wie man sich dem Zielbereich genähert hat, sollte man ihn wieder verlassen und allen Beteiligten viel Zeit lassen, die Distanzierung nun auch räumlich wieder vorzunehmen und in den Kursraum zurückzukehren.

Eine Unterstützung mit meditativer Musik kann vorteilhaft sein, dies hängt aber sehr z.B. von den Hörgewohnheiten der Schülerinnen und Schüler ab.

Gerade bei der Phantasiereise ist es wichtig, nicht nur problematische Stationen der Biographie aufzusuchen.

Gute Beispiele für Ich-stärkende Phantasiereisen finden sich bei Virginia Satir, Piero Ferruci und John O. Stevens.

Biographisches Lernen mit Bildmaterial

a) „Gedankenbilder" als Beispiel für eng führende Arbeitsblätter
In vielen Kontexten, z. B. der Drogenprävention, gibt es Comicvorlagen, in denen z.B. Sprechblasen gefüllt werden sollen.

b) Bildmeditation

Im religionspädagogischen Bereich, in der interkulturellen Arbeit sowie in der Spielpädagogik gibt es bereits zahlreiche Bildmappen zu pädagogischen Fragen. Broschüren, wie die der Bundeszentrale für gesundheitliche Aufklärung, enthalten gutes Bildmaterial.

Schließlich lohnt es sich, eigene Bildsammlungen anzulegen. Bei der Bildmeditation wird den Betrachtern eine Vielzahl von Bildern zur Auswahl angeboten, aus denen sich jede/r Einzelne das individuell beeindruckendste Bild heraussucht. Auswahlkriterien und die mit dem Bild assoziierte Botschaft können dann mündlich oder schriftlich weiterverarbeitet werden.

c) Texte zu Karikaturen/Zeichnungen

Karikaturisten spitzen Aussagen gezielt zu. Auch hier kann eine Wahl aus unterschiedlichen Vorlagen individuelle Motive und Sichtweisen zum Ausgangspunkt von Verarbeitungsprozessen werden lassen. Aber auch der gezielte Einsatz einer Karikatur kann für biographisches Lernen genutzt werden.

d) Texte zu Kunstpostkarten (nach Renate Fröhlig, Aachen)

Eine möglichst breite Auswahl an Kunstpostkarten (naiv, surrealistisch, magischer Realismus ...) kann ideale Schreibhilfe sein. Nach der Wahl eines Motives läßt sich über die Identifikation mit einer Figur oder Situation ein Text schreiben über diese Figur/Situation in Kindheit, Gegenwart und Zukunft.

e) Texte zu Fotos

Die Fotografie als vieldeutiges Medium, als konstruierter und interpretierbarer räumlicher und zeitlicher Ausschnitt, ist idealer Anknüpfungspunkt für biographische Lernprozesse. Der inszenierende Charakter auch dokumentarischer Fotos sollte im Bearbeitungsverfahren deutlich werden. Vermutungen über Situation, Kontext, Rahmen, Vorher und Nachher sollten getroffen werden aber deutlich von der Ebene eindeutiger Fakten getrennt werden. Daran anschließend kann über die Identifikation mit einer Person, sichtbar oder nicht, die Situation bewertet, kommentiert oder fiktiv weitergeführt werden. Dies wiederum sagt dann mehr über die Interpretin/den Interpreten als über die Fotografie.

f) Freies Malen oder Zeichnen

Analog zum Vorgang des freien, assoziativen Schreibens kann z.B. im Anschluß an eine Phantasiereise oder begleitet von Musik ein freier Fluß der Farben und Formen initiiert werden, der in symbolischer Form Gefühlen und Gedanken Ausdruck verleiht.

g) Collagieren

Über das Neuarrangieren von Bildmaterial hinaus kann durch das Zurverfügungstellen von unterschiedlichsten Materialien (Stoff, Papier, Pappe, Kunststoff, natürliche Elemente ...) ein großer Anreiz entstehen, seinen Eindrücken eine nichtsprachliche Form zu geben.
Collagieren erfolgt nach unterschiedlichen Zugriffsweisen:
– der formalen: Gestalt, Form, Farbe stehen im Vordergrund;
– der assoziativ-spontanen: völlig affektiv und subjektiv werden Dinge neu zusammengestellt;
– der inhaltlich-appelativen: hier steht die Botschaft im Vordergrund und sie kommt eher rational und systematisch zustande.

h) Umarbeiten von Vorlagen (Beispiel aus *Phoenix* Bd. 2)

Als Einstieg in eine Reihe zur Sozialisation soll eine Vorlage (Titelbild der Zeitschrift Pädagogik 10/95 von K. Joanowitsch, welches verschlungene und verknotete Linien und andere graphische Elemente zeigt) unter der Fragestellung: „Wie sehe ich meine Entwicklung und Sozialisation?" von den Schülerinnen und Schülern folgendermaßen umgearbeitet werden:

– auf einen DinA3-Bogen aufkleben (wo?wie?verändert?)
– weiterzeichnen (rechts,links,oben,unten – schwarz/weiß /Farbe?)
– sie kann zerschnitten und neu montiert werden
– ein Rahmen kann gestaltet werden
– ein Bildtitel soll gefunden werden

Im Anschluß hieran fand zunächst ein Austausch mit einer(m) Partner(in) und dann eine Präsentation aller Bilder statt.

i) Fragebögen zur Selbstreflexion

In vielen Büchern zum sozialen Lernen, in psychologischen Ratgebern und Zeitschriften finden sich Fragebögen zur Selbstreflexion. Diese stellen eine weitere, wenn auch sehr gelenkte Form biographischen Lernens dar.

2.2.2 Einüben in „Fremdverstehen" – Arbeit mit Fällen, dokumentarischen und literarischen Fremdbiographien

Für Pädagogik als Handlungswissenschaft war und ist Bemühen um Fremdverstehen immer schon Voraussetzung, Weg und Ziel erzieherischen Handelns. In den letzten zwanzig Jahren erlebt die biographisch-narrativ orientierte Erziehungswissenschaft aber, genau wie in den Sozialwissenschaften, einen neuen Aufschwung. Ausgestattet mit neuen Methoden der qualitativen Sozialforschung, im Bewußtsein der Probleme und Grenzen empirischer und hermeneutischer Arbeit sowie mit der Einsicht in die Grenzen des Fremdverstehens, werden individuelle Lebensgeschichten, individuelle Fälle der erzieherischen Praxis mit größerer Aufmerksamkeit in den Blick genommen und für die Entwicklung erzieherischer Berufsrollenkonzepte, erziehungswissenschaftlicher Theoriebildung und konkreter erzieherischer Handlungsstrategien genutzt.

Für die Arbeit im Pädagogikunterricht möchte ich drei mögliche Übungsfelder des Fremdverstehens skizzieren: Die Arbeit mit Fällen, mit dokumentierten und mit literarischen Fremdbiographien.

– Fälle, Fallbeispiele, Fallstudien im Pädagogikunterricht

In der Erziehungswissenschaft wird die pädagogische Kasuistik als wichtige Möglichkeit angesehen, Theorie und Praxis einander näherzubringen und differenziertere und präzisere Erkenntnisse zu gewinnen. Das erhöhte Interesse am pädagogischen Fallverstehen dokumentiert sich zum Beispiel in einem Schwerpunktthema der Zeitschrift für Pädagogik (5/1995). Reinhard Fatke schlägt in seinem Einleitungsartikel zunächst einen differenzierenden Begriffsgebrauch (vgl Fatke 1995, S. 676 f.)vor:

In der **Fallarbeit** der pädagogischen Praxis werden alle erreichbaren Informationen über einen konkreten Praxisfall zusammengetragen, um den Fall einer praktischen Lösung zuzuführen oder das Handeln der Betroffenen im Sinne der Ausbildung oder einer Supervision zu analysieren.

Eine **Fallstudie** ist hingegen eher theoretisch orientiert. Informationen über eine Person, einen Vorgang oder einer Institution werden methodisch kontrolliert überprüft, der Fall wird vor dem Hintergrund wissenschaftlicher Erkenntnisse betrachtet, um Theorien zu überprüfen, zu modifizieren oder gänzlich neue Erkenntnisse zu gewinnen.

Grundsätzlich gilt es bei der Auseinandersetzung mit Fällen zu bedenken, daß jede Rekonstruktion eines Falles immer auch Konstruktion ist. Aus einer Perspektive, die nie die einzig mögliche ist, wird „etwas" zum Fall gemacht; „etwas" ist aufgefallen. Fälle sind immer „Fälle von", z.B. sexuellem Mißbrauch oder Hilfe zur Erziehung nach § 27 KJHG (vgl. Müller 1995, S. 699 ff.) und „Fälle mit", d.h. Fälle, in denen konkrete Menschen zum Fall gemacht werden und sich dagegen z.T. wehren, weil ihre Perspektive nicht ausreichend gesehen wird. Es kann daher außerordentlich wichtig sein, sich zunächst zu vergegenwärtigen wer, wen, warum zu einem Fall macht und durch das möglichst häufige Wechseln der Perspektive auf einen Fall, sich die Komplexität und Mehrdeutigkeit zu vergegenwärtigen, die erzieherische Handlungssiuationen immer kennzeichnen.

Im Pädagogikunterricht haben wir es oft mit sehr plakativen und verkürzten Fallbeispielen zu tun, die z.T. zu Lehr- und Demonstrationszwecken geschrieben wurden. Hier ist die Gefahr der unkritischen, monoperspektivischen Sichtweise sehr groß. Um hier nicht in Fallen zu laufen, ist es ratsam, sich bei jedem Fallbeispiel zu vergegenwärtigen:

a) Was ist das Besondere an dem Fall? Wer ist wie zum Fall geworden?

b) Was ist das Allgemeine an diesem Fall? Vor welchem theoretischen Hintergrund soll der Fall betrachtet werden?

c) Aus welcher Perspektive ist der Fall berichtet worden?

d) Welche anderen Perspektiven auf diesen Fall sind denkbar und welche anderen Interpretationen ergeben sich dadurch?

e) Wie sehen wir nach diesen methodischen Schritten das Verhältnis von Konkretem und Allgemeinem in diesem Fall und was heißt dies für erzieherisches Handeln?

Für die Erzieherausbildung haben Andreas Gruschka u.a. ein didaktisch-methodisches Modell entwickelt, wie Geschichten aus der pädagogischen Praxis genutzt werden können, um in der Ausbildung an erzieherischen Entwicklungsaufgaben Theorie und Praxis stärker aufeinander zu beziehen und den persönlichen Aufbau pädagogischer Handlungskonzepte und beruflicher Identität zu fördern (vgl. Gruschka u.a. 1995 a und b). In einem Arbeitsbuch für die Ausbildung (1995 a) stellen sie exemplarische Geschichten aus der Praxis zu jeder Entwicklungsaufgabe (1. Entwicklung eines Konzepts der zukünftigen Berufsrolle, 2. Aufbau eines Konzepts der pädagogischen Fremdwahrnehmung, 3. Erarbeitung eines Konzepts des pädagogischen Handelns und 4. Entwicklung eines Modells der Professionalisierung) zur Verfügung. Diese sollen in einem methodisch kontrollierten Verfahren in folgenden Analyseschritten im Unterricht thematisiert werden:

a) *„Verständigung über das Motiv des Protokollanten, über die dokumentierte Erprobung seiner Handlungsweise zu berichten."*

b) *„Untersuchung des Textes unter dem Gesichtspunkt der vom Schüler realisierten Kompetenz."*

c) *„Die Deutung der in ihren Kompetenzen untersuchten Handlungsweise unter dem Gesichtspunkt des pädagogischen Ziels des Berichterstatters."*

d) *„ Hinweise, wie man in analogen Situationen gegebenenfalls (noch) erfolgreicher das eigene pädagogische Ziel verfolgen könnte."*

e) *„Die Variation der protokollierten Episode unter dem Gesichtspunkt alternativer pädagogischer Ziele des Handelns."*

f) *„Die theoretisierende Generalisierung des Handelns durch die Analyse pädagogischer Handlungskonzepte."* (Gruschka u.a. 1995 b, S. 158)

In zunehmenden Maße sollen in der Ausbildung, zusätzlich zu den im Arbeitsbuch zur Verfügung gestellten Fällen, eigene Fallberichte thematisiert werden. Das Schreiben eigener Fallgeschichten soll einen Beitrag zur Identitätsbildung leisten, durch narratives Nacherleben reflexive Professionalität anbahnen, eigene Praxis verfüg- und bearbeitbar machen, soziale Kompetenz und Empathie fördern und die Lerngeschichte der Auszubildenden dokumentieren.

Auch im Pädagogikunterricht der gymnasialen Oberstufe ist es in begrenztem Maße möglich, Schülerinnen und Schüler eigene Praxisgeschichten schreiben zu lassen. Hierbei kann es sich um außerschulische Praxis handeln (z.B. aus der Jugendarbeit oder Babysittergeschichten) oder, falls der Kurs sich eine schulische Praxismöglichkeit erschlossen hat (Tutorenarbeit, spielpädagogische Schulhofarbeit, Hausaufgabenbetreuung u.a.), Geschichten aus der Kurspraxis.

Für die Aufbereitung solcher erster eigener Praxisgeschichten, die konflikt- bzw. problemhaltige Situationen beinhalten, könnte die abgewandelte Form der kollegialen Fallberatung (vgl. Posse/Priebe 1987) eine methodische Hilfestellung sein:

a) Eine Fallgeschichte wird ausgewählt.

b) Die Geschichte wird vorgelesen und ggf. durch den Lesenden ergänzt.

c) Gruppenblitzlicht: Alle Kursmitglieder äußern sich kurz darüber, was die Geschichte bei ihnen für Gefühle, Gedanken und Fragen ausgelöst hat.

d) Mitglieder der Kursgruppe stellen Nachfragen zur Geschichte – evtl.Durchführen eines Rollenspiels, um sich die Situation zu vergegenwärtigen.

e) Mitglieder der Kursgruppe versuchen, empathisch in unterschiedliche Rollen hineinzuschlüpfen: „Ich als ..., denke, fühle, meine ..."

f) Mitglieder der Kursgruppe entwickeln Lösungsvorschläge: „Ich als, würde folgendes tun..."

g) Die Autorin/ der Autor der Fallgeschichte nimmt zu den Sichtweisen und Vorschlägen Stellung.

– Arbeit mit dokumentierten Fremdbiographien und die biographische Erkundungsarbeit

Über das Punktuelle eines Falles oder einer Fallstudie hinaus geht der Versuch, ganze Lebensgeschichten in den Blick zu nehmen und den Zusammenhang von Individuum und Gesellschaft, von Lebensschicksal und historischen, sozialen und pädagogischen Kontexten deutlich zu machen.

Die Oral-History-Forschung hat hier eine Fülle von Material hervorgebracht, was, dokumentarisch aufbereitet, auch einen Beitrag zur Sozialgeschichte der Erziehung von unten, leistet. So haben wir für das Kapitel „Erziehung und Bildung im Nationalsozialismus" (*Phoenix*, Bd. 2) den aufbereiteten Nachlaß eines Frankfurter Jungen, Walter, der achtzehnjährig 1945 gefallen ist, als Grundlage zur Erarbeitung nationalsozialistischer Lebens- und Sozialisationsbedingungen gewählt. Durch die detaillierte und vielfältige Dokumentation eines einzelnen Lebensweges wird es möglich, bis in die Tiefe biographischer Details, Erziehungsprozesse in ihrer Komplexität und Widersprüchlichkeit zu rekonstruieren. Auch hier gilt es natürlich, bewußt zu machen, welche Konstruktionsperspektiven in der Rekonstruktionsarbeit enthalten sind.

Auch in diesem Bereich ist es möglich, daß Schülerinnen und Schüler unter günstigen Bedingungen selbst biographische Recherchen anstellen. So gibt es überall in der Bundesrepublik Projekte, die Generationen ins Gespräch bringen wollen und Schülerinnen und Schüler in Kontakt mit alten Menschen bringen. Die authentischen Berichte über Erziehung und Schule „damals" können von Pädagogikschülerinnen und -schülern dokumentiert, aufbereitet und ausgestellt werden.

Lebensgeschichten von Pädagoginnen und Pädagogen, z.B. ehemalige Lehrerinnen und Lehrer der eigenen Schule, wären ideale Gesprächspartner, um die biographischen Dimensionen erzieherischer Profession auszuloten.

Menschen, die Krisen durchlebt haben und ihre Erfahrungen gezielt an Kinder und Jugendliche weitergeben wollen (z.B. „trockene" Alkoholiker), können tiefere Einblicke in Lebenswege und ihre pädagogische Begleitung bieten als viele gut geschriebene Bücher.

– Arbeit mit fiktiven Biographien

Sich selbst verstehen, im Ansatz den anderen verstehen, dazu braucht es auch Irritation, Befremdung, Überraschung. Oft führt erst eine Irritation zur intensiven Reflexion.

Ein Buch, welches in besonders produktiver Weise irritiert und befremdet, ist der Roman „Burt" von Howard Buten (inzwischen als Goldmann Taschenbuch erhältlich: Howard Buten, Burt, Hamburg 1992, Goldmann Taschenbuch 42153, 12,90 DM).

Der Amerikaner Howard Buten, Jahrgang 1950, ist ein Multitalent: Psychotherapeut, spezialisiert auf autistische Kinder, Schriftsteller und Clown.

Nachdem 1982 sein Roman in Frankreich großen Erfolg und literarische Auszeichnungen brachte, siedelte er von New York nach Paris über, lebt und arbeitet heute nun in der Nähe von Paris. In dem Roman „Burt" erzählt er die Geschichte des achtjährigen Jungen Burt, der – in den 50er Jahren im konservativen und prüden Amerika – bei kindlich-sexuellen Spielen mit seiner Freundin Jessica erwischt und in die Kinderpsychiatrie eingewiesen wird. Er beschreibt diesen Aufenthalt und seine Vorgeschichte radikal, mit großer Einfühlsamkeit, Offenheit, Humor und Drastik aus der Perspektive des achtjährigen Jungen.

Aus dieser Perspektive lernt der Leser die klassische „Schul"-Kinderpsychiatrie kennen, aber auch die Arbeit mit einer therapeutischen Alternative, die starke Ähnlichkeit mit der therapeutischen Arbeit von Howard Buten im Zentrum für Autisten „Kochise" in der Nähe von Paris hat (der WDR strahlte eine Dokumentation über Buten aus, „Der Clown und die Kinder des Schweigens", in der dies gut zu beobachten ist).

Der Leser erfährt den entscheidenden, alles erklärenden Punkt der Handlung erst ganz zum Schluß und wird vorher einem Wechselbad der Gefühle gegenüber Burt, dem Psychiater, den Eltern usw. ausgesetzt.

So lautet der erste Satz des Romans: „Wie ich fünf war, hab ich mich umgebracht."
In den ersten beiden Kapiteln ist der Leser höchst befremdet durch den Jungen, der so völlig anders ist und zu dem auch der Psychiater keinen Zugang findet.

Inzwischen liegt die deutsche Übersetzung der Fortsetzung des Romans vor (Howard Buten, Ohne Rücksicht auf Verluste, Hamburg 1994, Kellner Verlag). Der Leser begleitet Burt durch Pubertät, Jugend, Studentenzeit – alles im Amerika der 60er Jahre, bis zum Beginn seiner Berufstätigkeit als Psychotherapeut. Interessant sind hier auch erklärende Rückblicke auf die Ereignisse im ersten Buch.

Der Roman „Burt" begeistert Schüler. Sie müssen fast daran gehindert werden, das Buch in einem Zug durchzulesen. Es ist aber ratsam, das anfängliche Gefühl der starken Befremdung sorgfältig festzuhalten, um hieran Lernprozesse zum Umgang mit Anderssein anknüpfen zu können. Im Unterricht habe ich die Schüler zunächst darauf verpflichtet, wirklich nur die ersten beiden Kapitel zu lesen und folgende Fragen schriftlich zu beantworten:

1. Was erfahre ich? (Fakten)
2. Wie interpretiere ich diese Fakten?
3. Welche Gefühle löst Burt in mir aus?
4. Wenn ich mich mit Dr. Nevele – dem Psychiater – identifiziere, wie erlebe ich die Situation aus seiner Perspektive?

Erst nachdem wir diese Aspekte im Kurs intensiv thematisiert hatten, war der Rest des Buches zur Lektüre freigegeben.

Suchperspektiven für die anschließende Auswertung der Lektüre in Gruppen wurden vereinbart und umgesetzt. Die Arbeit an dem Buch wurde mit einer Klausur zunächst abgeschlossen.

Um die intensive Arbeit mit dem Buch besser nachvollziehbar zu machen, möchte ich hier ein längeres Zitat aus der Klausur einfügen:

„Ich finde, daß dieses Buch mit vielen großen Vorurteilen über ‚Anderssein' aufräumt und uns so vor Augen führt, wie schnell man sich in Ablehnung und Typisierung verrennen kann. [...]

Ich erinnere mich noch gut an meinen ersten Eindruck von Burt, seiner Krankheit und von Dr. Nevele nach den ersten beiden Kapiteln. Ich tendierte mehr zu Dr. Nevele: er tat mir leid bei solch einem Kind wie Burt. Burt interessierte mich (Was ist denn bloß mit dem los?), machte mir aber auch Angst. Auf jeden Fall war mir klar, daß er psychisch gestört ist. [...]

Betrachte ich jetzt diese Sichtweise, so kommt sie mir fast lächerlich vor: Dr. Nevele ist mir total unsympathisch geworden und Burt ist für mich noch nicht einmal psychisch gestört. [...] Es ist wirklich erstaunlich, wie sehr ich meine Meinung revidieren mußte.

Das ist für mich der beste Beweis für die Botschaft des Buches: Urteile nicht voreilig und ohne auf die Hintergründe zu schauen!

Ich denke aber auch, daß dieses Buch uns noch zwei Dinge zeigen will::
1. *Wie nah starke Gefühle an dem liegen, was andere dann psychisch krank bzw. als verrückt bezeichnen. [...]*
2. *Man sollte sich davor hüten, bei jedem Kind Unbeschwertheit und Naivität vorauszusetzen. Manche Kinder leiden unter für Erwachsene fast nicht vorstellbaren Zwiespalten. [...]"* (Bianca Wolters, Stufe 12)

Auch wenn man Schülerinnen und Schülern gegenüber deutlich machen muß, daß es sich bei einer literarischen Ganzschrift um eine Fiktion handelt, daß wir alles durch die Brille des Autors betrachten, wird durch das Zitat aus der Klausur vielleicht deutlich, daß oft gerade der Weg über die Literatur einen Zugang zu hochkomplexen, hochdifferenzierten pädagogischen und psychischen Prozessen ermöglicht.

Diese Ganzschrift eignet sich außerdem ganz besonders für die Verknüpfung mit anderen methodischen Zugriffen. So wäre sie ein guter Gegenstand für sehr individuelle Auseinandersetzungen in pädagogischen Facharbeiten. Wenn die Schülerinnen und Schüler über systemische Kenntnisse verfügen, lassen sich gut Skulpturen bzw. Statuen bauen, um zirkuläre Vernetzungsprozesse deutlich zu machen.

Die Tatsache, daß Howard Buten Psychotherapeut ist, unterscheidet dieses Buch allerdings von anderen, erhöht die Authentizität und eröffnet viele Anknüpfungsmöglichkeiten.

Es liegen eine unüberschaubare Vielzahl an literarischen Ganzschriften vor, die erzieherische Motive in den Vordergrund rücken (vgl. Opora u.a. 1990). Gerade krisenhafte Schüler/in-Lehrer/in Beziehungen ziehen sich als „Diskursfigur" durch die Literaturgeschichte (vgl. Kiper 1996). Ein wenig bekannte, aber sehr interessante Erzählung zum kulturübergreifenden Dauerthema Schulreform ist „Die Nacht nach der Entlassung" von Wladimir Tendrjakow. Hans Bokelmann betont in seinem Essay über die Erzählung von Tendrjakow, daß fiktionale Texte „Erfahrungsrationalität" erzieherisch handelnder Menschen nachvollziehbar machen, die z.T. der „Konstruktionsrealität" wissenschaftlicher Theorien verloren gegangen ist. So kann die Auseinandersetzung mit „fiktionalen Wahrheiten" in Fragen pädagogischen Handeln „Wahrheitsfindungsprozesse" fördern (vgl. Bokelmann 1979, S. 115).

Ein Jugendbuch, welches in besonderer Weise die Perspektivität der Betrachtung von „Vorfällen" und Biographien thematisiert, hat Kirsten Boie geschrieben: „Erwachsene reden. Marco hat etwas getan." (Boie 1994). Ein Vorfall wird aus der Perspektive von Freunden, Eltern, Pfarrern, Lehrern, Sozalarbeitern usw. beschrieben. Die Leserin/der Leser muß sich durch die Kombination der Perspektiven selbst ein Bild machen. Dies Buch eignet sich z.B. auch für eine szenische Umsetzung, in der die Hauptperson, der betroffene Jugendliche, von der Lerngruppe hinzukonstruiert werden könnte, um die biographische und erzieherische Bedeutsamkeit dieses fiktiven Falles noch zu unterstreichen.

2.2.3 Förderung der Empathie, der Kooperations- und Kommunikationsfähigkeit durch Interaktionsübungen, Statuentheater und andere simulative Verfahren

Im folgenden sollen auf drei Ebenen konkrete Übungen und Arbeitsmaterialien angeboten werden, die speziell für den Pädagogikunterricht von mir entwickelt wurden oder sich für den Pädagogikunterricht in besonderer Weise eignen und adapiert wurden.

Zunächst geht es um die Thematisierung der Beziehungsebene im Kurs, um die Wahrnehmung und Beeinflussung der Schüler/in -Lehrer/in und Schüler/in-Schüler/in Beziehung. Die Reflexionsbögen können zur Bestandsaufnahme und zur Sensibilisierung für die Verantwortung einer/eines Jeden für Kommunikation und Kooperation im Kurs eingesetzt werden. Die drei Reflexionsbögen unterscheiden sich im Grad ihrer Offenheit und können je nach Ausgangssituation angemessen sein. Die in den Bögen implizit enthaltenen Werte sollen keinen Dogmenkatalog darstellen, sondern den Dialog im Kurs fördern.

Auch die Aktionsbögen zur Evaluation sind Wahlalternativen, die abhängig von der Kurssituation gewählt werden sollten.

Dann werden Partnerübungen vorgestellt, die die Beziehungsdimension des pädagogischen Verhältnisses erfahrbar und reflektierbar machen.

Schließlich wird die Methode Statuentheater/Skulpturarbeit und „Zeitungstheater" im Pädagogikunterricht vorgestellt.

Reflexionsbogen zur Beziehungsebene 1

Ziel: Durch positive Formulierung von Erwartungen auf der Beziehungsebene durch jede Schülerin/jeden Schüler zu Vereinbarungen über den Umgang untereinander kommen

Zum Verfahren:
1. Anonym ausfüllen (auch der/die Lehrer(in) füllt seinen/ihren Abschnitt aus!)
2. Auswerten: durch den/die Lehrer(in), ein Schülerpaar
   Ergebnisse auf Folie festhalten
3. Gewichten (durch Verteilung von Klebepunkten)
4. Diskussion über die Bildung von Vereinbarungen
   Festhalten der Vereinbarungen
5. Diskussion über Maßnahmen bei gravierenden Verstößen gegen die Vereinbarungen

Wie möchte ich in diesem Pädagogikkurs von meinen Mitmenschen behandelt werden?

Ein Abschnitt bleibt bei mir	Der Abschnitt für die Auswertung
Von meinen Mitschülerinnen und Mitschülern wünsche ich mir: – – …	Von meinen Mitschülerinnen und Mitschülern wünsche ich mir: – – …
Von meiner Lehrerin/meinem Lehrer wünsche ich mir: – – …	Von meiner Lehrerin/meinem Lehrer wünsche ich mir: – –
Als Lehrerin/Lehrer wünsche ich mir von den Schülerinnen und Schülern: – – …	Als Lehrerin/Lehrer wünsche ich mir von den Schülerinnen und Schülern: – – …

(Abbildung verkleinert – mehr Antwortfelder notwendig)

Reflexionsbogen zur Beziehungsebene 2

Ziel: Durch selbstkritische Reflexion auf eigene Anteile an Beziehungsproblemen im Kurs aufmerksam werden und gemeinsam Schwachpunkte in der Kurskommunikation herausfiltern, um gezielt daran arbeiten zu können.

Zum Verfahren:
1. Anonym ausfüllen
2. Auswerten: durch den/die Lehrer(in), ein Schülerpaar Durchschnitts- und positive und negative Extremwerte festhalten
3. Ergebnisse auf Folie übertragen
4. Verbalisierung und Diskussion der Ergebnisse
5. Diskussion über Konsequenzen

Was trage ich zum Kursklima bei?

Statement	stimmt genau (1)	stimmt zum Teil (2)	stimmt weniger (3)	stimmt überhaupt nicht (4)	Kontrollabschnitt zur Auswertung
a) Ich helfe den anderen					a)
b) Ich kann mit allen zusammenarbeiten					b)
c) Ich finde jede/n auf ihre/seine Art sympathisch					c)
d) Ich sage meinen Mitschülern (innen), wenn mich etwas stört					d)
e) Ich argumentiere sehr sachlich					e)
f) Ich kränke oder verletze niemanden in seinem Selbstwert					f)
g) Ich beteilige mich in jeder Stunde am Unterricht					g)
h) Ich kümmere mich um Mitschüler(innen), denen es nicht gut geht					h)
i) Ich bin gern in diesem Kurs					i)
j) Ich strahle Ruhe und Gelassenheit aus					j)
k) Ich vermittle bei Streit					k)
l) Ich achte auf Beziehungen und Gruppenprozesse im Kurs					l)
m) Ich sehe meine Mitschüler(innen) nicht als Konkurrenten(innen)					m)
n) Ich erzähle Außenstehenden nichts über persönliche Dinge, die ich im Kurs erfahren habe					n)
o) Ich rede nicht über andere, sondern mit ihnen					o)

Reflexionsbogen zur Beziehungsebene 3

Für mein Wohlbefinden in diesem Kurs benötige ich:

Gestalten Sie Ihren Kurs-Sternenhimmel!

Aktionsbogen zur Evaluation 1

Auswertungszielscheibe

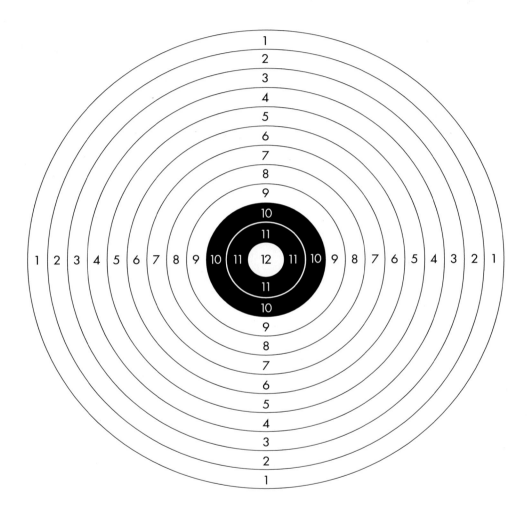

Auf Flipchartbogen übertragen kann die Zielscheibe im Kursraum aufgehängt werden und in regelmäßigen Abständen zur Evaluation genutzt werden.
Jede Schülerin/jeder Schüler klebt in jede der 4 Dimensionen einen Klebepunkt.
Dimensionen: Lehrerverhalten, Gruppenklima, Inhalte, Methoden

Aktionsbogen zur Evaluation 2

„Mein Standort im Kurs"

- Stühle und Tische im Kursraum werden an die Seite gestellt.
- Das Kursheft wird in die Mitte des Raumes auf einen Stuhl gelegt.
- Alle Schülerinnen und Schüler gehen zunächst im Raum umher, ohne zu sprechen, und suchen sich dann einen Standort, der ihre momentane Situation im Kurs ausdrücken soll – im Abstand zum Kursheft und im Abstand zu den Mitschülerinnen und Mitschülern.
- Durch Körpersprache (Haltung, Mimik, Gestik) kann dies unterstrichen werden.
- Diese Haltung wird dann für ein paar Minuten eingefroren und alle Beteiligten achten auf ihre Gefühle in dieser Situation.
- (Variante: Jeder sagt in dieser Position und Haltung einen Satz, der seine/ihre Befindlichkeit auf den Punkt bringt – ohne Kommentierung durch die anderen Kursmitglieder.)
- Die Lehrerin/der Lehrer beobachtet den Prozeß, hält evtl. die Standorte der Schülerinnen und Schüler in einer Skizze fest und moderiert die Auswertungsdiskussion.
- Im Anschluß daran diskutiert der Kurs über die Interpretationsmöglichkeiten dieser Kursskulptur.
  Welche positiven Aspekte kommen zum Ausdruck?
  Welche Probleme kommen zum Ausdruck?
  Auf welcher Ebene liegen diese?
  Welche zirkulären Wechselwirkungsprozesse stehen hinter den Problemen?
  Welche Veränderungsmöglichkeiten bietet die Kursskulptur?

Achtung: Diese Übung kann nur in einem konstruktiven Klima durchgeführt werden!!

Eine weitere Evaluationsmethode mit visuellen Symbolen bieten *Phoenix* Bd. 1 und 2 als Leser/in-Feedback-Bogen.

Aktionsbogen zur Konfliktlösung

(nach Reinhold Rabenstein, Lernen kann auch Spaß machen, Münster 1986, S. 91)

Eine sehr einfache und wirksame Methode zur Konfliktklärung und Konfliktlösung ist die Dreiecksmethode.

Wenn in der Kursgruppe ein Konflikt vorliegt, kann er wie folgt thematisiert werden:

1. Konfliktbeschreibung

Die am Konflikt beteiligten Schülerinnen und Schüler einigen sich auf eine Beschreibung des Konfliktes (worum geht es eigentlich?) und schreiben diese in ein auf dem Kopf stehendes Dreieck an die Tafel.

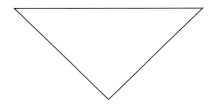

2. Konfliktursachen

Nun suchen die Konfliktbeteiligten mit Hilfe der anderen Kursmitglieder nach den möglichen Ursachen des Konflikts und schreiben diese stichpunktartig an die „Stützen" des Dreiecks.

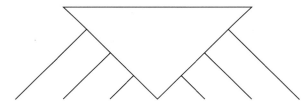

3. Konfliktlösungen

Zu jeder Stütze wird nun ein Lösungsvorschlag gesucht. Die Ursache, die den Konflikt stützt, wird sozusagen abgebaut.

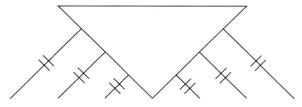

Partnerübung zur Beziehungsdimension des pädagogischen Verhältnisses 1: „Blinde führen"

(nach: Lauff/Homfeldt 1981, S. 123 ff.)

Ziel:

Dimensionen des pädagogischen Verhältnisses (Macht/Ohnmacht, Aktivität/Passivität, Wissens- und Erfahrungsvorsprung/Wissens- und Erfahrungsrückstand usw.) erfahrbar und auf dieser Basis reflektierbar zu machen.

Vorgehensweise:

Selbstgewählte Partnerpaare nehmen abwechselnd folgende Positionen ein:
a) blind geführt werden, b) blind führen, c) sehend führen, d) sehend geführt werden
Während der Übung, auch während des Rollentauschs, sollte nicht gesprochen werden.

Auswertung:

Die Partnerpaare tauschen sich über ihre Körpererfahrungen, Gefühle und Gedanken, die sie in den unterschiedlichen Positionen hatten, aus. Gab es Präferenzen? Warum war die eine Position angenehmer als die andere? Wurden die Positionen unterschiedlich gestaltet?
Welche Aspekte von erzieherischen Beziehungen lassen sich hier wiederfinden? Was heißt pädagogische Führung? Wer trägt für wen Verantwortung? usw.

Integration ins Plenum:

Die Partnerpaare entscheiden selbst, ob sie persönliche Aspekte ins Plenum einbringen wollen. Die Diskussion im Gesamtkurs sollte sich aber mit der Übertragbarkeit der Erfahrungen auf erzieherische Beziehungen intensiv befassen.

Partnerübung zur Beziehungsdimension des pädagogischen Verhältnisses 2: „Asymmetrische Kommunikation"

(nach Virginia Satir, 1987, S. 63 ff.)

Ziel:

Dimensionen des pädagogischen Verhältnisses (Macht/Ohnmacht, Aktivität/Passivität usw.) erfahrbar und auf dieser Basis reflektierbar zu machen.

Vorgehensweise:

Ein Partner sitzt auf dem Boden, der andere Partner steht vor ihm.
2 Minuten aus dieser Position ein Gespräch führen (Inhalt beliebig).
Anschließend die Positionen tauschen.
   Die Übung wiederholen mit dem Auftrag, möglichst genau und detailreich die Situation wahrzunehmen, um sie anschließend beschreiben zu können.
   Mögliche Anschlußvarianten: Der Stehende nimmt den Sitzenden an die Hand. Der Stehende gibt dem Sitzenden einen Klaps.
   Zum Abschluß die Symmetrie durch Auge-in-Auge-Kontakt wiederherstellen.

Auswertung:

Die Partnerpaare tauschen sich über ihre Körpererfahrungen, Gefühle und Gedanken, die sie in den unterschiedlichen Positionen hatten, aus. Gab es Präferenzen? Warum war die eine Position angenehmer als die andere? Wurden die Positionen unterschiedlich gestaltet?
Welche Aspekte von erzieherischen Beziehungen lassen sich hier wiederfinden? Was heißt pädagogische Führung? Wer trägt für wen Verantwortung?
Was sagt diese Übung über den Kontakt zwischen kleinen und großen Menschen aus?

Integration ins Plenum:

Die Partnerpaare entscheiden selbst, ob sie persönliche Aspekte ins Plenum einbringen wollen. Die Diskussion im Gesamtkurs sollte sich aber mit der Übertragbarkeit der Erfahrungen auf erzieherische Beziehungen intensiv befassen.

Partnerübung zur Beziehungsdimension des pädagogischen Verhältnisses 3: „Das gemeinsame Bild"

Ziel:

Dimensionen des pädagogischen Verhältnisses (Macht/Ohnmacht, Aktivität/Passivität usw.) erfahrbar und auf dieser Basis reflektierbar zu machen.

Vorgehensweise:

Selbstgewählte Partner sitzen sich an einem Tisch gegenüber.
Als Material benötigen sie ein DinA3-Blatt und einen Stift.
Bei dieser Übung darf nicht gesprochen werden. Auch mit Mimik und Gestik dürfen keine Zeichen ausgetauscht werden. Der Kontakt der Partner wird nur über den gemeinsam geführten Stift und das damit erzeugte Bild hergestellt.
Auf ein Startzeichen ergreifen beide den Stift und zeichnen in 10 bis 15 Minuten ein Bild.

Auswertung:

Die Partner tauschen sich über ihre körperlichen Erfahrungen, wer hat wie den Stift ergriffen und gehalten, Druck ausgeübt, nachgegeben usw.?
Welche Gedanken und Gefühle wurden dabei erlebt?
Was sagt das Bild über die Art der Interaktion aus?
Können die Beteiligten die erlebte Art der Interaktion mit anderen Interaktionssituationen vergleichen?
Lassen sich Übertragungen auf erzieherische Situationen vornehmen?

Integration ins Plenum:

Die Partnerpaare entscheiden selbst, ob sie persönliche Aspekte ins Plenum einbringen wollen. Die Diskussion im Gesamtkurs sollte sich aber mit der Übertragbarkeit der Erfahrungen auf erzieherische Beziehungen intensiv befassen.
Die Bilder können von den einzelnen Partnerpaaren vorgestellt werden oder die Bilder werden auf den Tischen zur Besichtigung freigegeben.
Hier können die Bilder auch von Außenstehenden gedeutet werden.

Statuentheater, Skulpturarbeit und Zeitungstheater im Pädagogikunterricht

Die Methode **Statuentheater** wurde von Augusto Boal als eine Technik in seinem „Theater der Unterdrückten" entwickelt. Das „Theater der Unterdrückten" versteht er als politisches Theater, welches Betroffene aktiviert, Zwänge sichtbar, Rituale und maskenhaftes Verhalten durchschaubar macht und insgesamt einen Beitrag zur Politisierung der Menschen leisten soll. Zuschauer werden grundsätzlich in das Geschehen einbezogen, die dargestellten sozialen und politischen Probleme sollen gemeinsam bearbeitet werden, der gemeinsame Lernprozeß steht im Vordergrund. Es geht Boal um ein pädagogisches Theater, welches die alten Schranken: Bühne-Publikum, aktiv-passiv, Sender-Empfänger aufhebt und in einen gemeinsamen Entwicklungsprozeß umformt (vgl. Boal 1989). Inzwischen ist die Methode erprobter Bestandteil in der Methodik der Lehrerfortbildung und in der Methodik einzelner Fächer (z.B. Deutsch) geworden.

Die **Skulpturarbeit** kommt hingegen aus einem psychotherapeutischen Kontext (vgl. z.B. Satir 1995, S. 305 ff.). Therapeuten verwenden diese Methode zur systemischen Diagnose von Familienstrukturen und zirkulären Prozessen. Sie benutzen die Methode der szenischen Darstellung, um Macht/Ohnmacht, Nähe/Distanz, Kommunikationsstile u. ä. in ein Bild zu bringen und an diesem Bild mit allen Beteiligten zu arbeiten.

Ein wichtiger Unterschied zur Methode des Statuentheaters besteht darin, daß in der Skulpturarbeit sehr viel Wert auf die Verbalisierung der Emotionen und der Verarbeitung dieser Emotionen gelegt wird. Diese sind ja auch im hohen Maße authentisch und z.T. hochgradig leidbesetzt. Dagegen geht es im Statuentheater eher um simulative Prozesse, die distanzierter behandelt werden. Die Akteure des Statuentheaters sehen sich auch nicht in der Rolle der Therapeuten oder Klienten.

Für den Pädagogikunterricht ist daher die Methode des Statuentheaters in seiner Simulationsform geeigneter und Skulturarbeit an realen Problemen auf der Beziehungsebene kann nur unter positiven Bedingungen und in verantwortbaren Grenzen stattfinden. Hier gelten die im Punkt 2.1.2 aufgeführten Vorsichtmaßregeln in besonderem Maße. Ein Beispiel für den behutsamen Umgang bei gegebenen Bedingungen wäre die Übung „Mein Standort im Kurs".

Ein Weg, die Methode Statuentheater einzuführen und erste Erfahrungen damit zu sammeln, möchte ich hier vorstellen (orientiert an einer Veranstaltung mit der Theaterpädagogin Frau Wickinghoff von den Ruhrfestspielen, Recklinghausen).

Nach einer kurzen Einführung in die Theaterpädagogik von Augusto Boal erfolgt die praktische Erarbeitung der Methode des Statuentheaters.

Anwärmphase:
Selbstgewählte Partnerpaare schütteln sich die Hände, formen sich gegenseitig zu Statuen

1. Übung:
Wechselseitig mit dem Partner eine Skulptur zum Thema Erziehungsstil formen

2. Übung:
Kleingruppen wählen ein pädagogisches Thema selbst, bauen Skulptur, geben ihr einen Titel, anschließend folgt die Präsentation im Plenum:
- die Gruppen gehen in der Präsentation von Gruppe zu Gruppe (Museum)
- das Publikum interpretiert die Skulpturen
- die Erbauer selbst interpretieren ihre Skulptur

3. Übung:
Kleingruppen stellen mit einer Skultur einen erzieherischen Konflikt dar.
- Bei der Präsentation spricht jede Figur einen Satz / macht eine Bewegung
- Zuschauer können hinter eine Figur treten und die dargestellten Gefühle verbalisieren
- die Figuren können sich über eine andere Figur äußern
- die Figur wird in die ideale Form aufgelöst – schrittweise (Konfliktlösung, ideale Situation)

Von Augusto Boal stammt auch die Methode **Zeitungstheater**, die sich für den Einstieg in neue Themenbereiche eignet oder auch für die Präsentation von Ergebnissen, wenn man sie stark zugespitzt darstellen will, um z.B. eine Diskussion zu provozieren.

Elf Techniken des Zeitungstheaters möchte ich im Überblick darstellen (vgl. Augusto Boal 1989).

Ausgangsmaterial: Zeitungsmeldungen zu Erziehung, Bildung u.ä. so z.B. die Überschriften auf S. 20)

1. **Einfaches Lesen**
    aus dem Kontext herauslösen und kommentarlos vorlesen

2. **Vervollständigendes Lesen**
   Hintergrundinformationen hinzufügen, andere Teile weglassen
3. **Gekoppeltes Lesen**
   sich Widersprechendes, Entlarvendes, Enthüllendes koppeln
4. **Rhythmisches Lesen**
   Samba- Walzer- Tango- Marsch-Rythmus; jeder hat seine Bedeutung, im Chor lesen, Kanon
5. **Untermaltes Lesen**
   mit Werbesprüchen , Volksweisheiten, Sprüchen untermalen
6. **Pantomimisches Lesen**
   kontrastierende pantomimische Darstellung
7. **Improvisierendes Lesen**
   Meldung szenisch nachstellen
8. **Historisches Lesen**
   in Beziehung zur Geschichte setzen, historische Lösungsmöglichkeiten gegenüberstellen
9. **Konkretisierendes Lesen**
   szenische oder grafische Darstellung der konkreten Bedeutung
10. **Pointiertes Lesen**
    Im Stil eines anderen Genres, z.B. Staatsbegräbnisbericht
11. **Kontext-Lesen**
    den Kontext der Meldung darstellen

2.2.4 Einüben in wissenschaftliche Arbeitsweisen – Vom systematischen Lesen bis zur pädagogischen Facharbeit

Pädagogikunterricht ist, oft zum Leidwesen von Schülerinnen und Schülern, in großen Teilen Textunterricht. Der selbständige Umgang mit wissenschaftlichen Texten gehört sicher auch zu den zentralen wissenschaftspropädeutischen Qualifikationen, die die Schule zu vermitteln hat. Leider ist die schulische Praxis aber oft gekennzeichnet durch monotone Textbearbeitungsrituale, die Widerstände gegen jegliche intensive Textarbeit hervorrufen. Daher ist gerade hier Vielfalt angebracht.

Eine schon recht bekannte, aber dennoch wenig genutzte Methode der Textarbeit, die die selbständige kognitive Aktivität des Lesers in den Mittelpunkt stellt, ist die **SQ3R-Methode von Robinsohn** (vgl. Stary/Kretschmer 1994, S.60 ff.):

1. Schritt: Überblick gewinnen   (S – Survey)
Mit dem Aufbau des Textes/Buches vertraut machen: Überschriften, Kapitel, Abschnitte usw.

2. Schritt: Fragen stellen   (Q – Question)
Was wollen Sie von dem Text/Buch wissen?
Formulieren Sie Fragen.

3. Schritt: Lesen (R – Read)
Nun lesen Sie den Text langsam und systematisch. Gliedern Sie den Text in Sinnabschnitte und arbeiten Sie die Hauptaussagen heraus. Bei einer Kopie oder einem eigenen Buch können Sie Unterstreichungen/Markierungen vornehmen, dies aber äußerst sparsam!
Klären Sie Fremdwörter und Fachbegriffe. Halten Sie Definitionen fest.

4. Schritt: Rekapitulieren (R – Recite)
Versuchen Sie, auf Ihre Fragen zu antworten. Halten Sie dies schriftlich fest. Schreiben Sie ein Exzerpt.
Legen Sie eine Karteikarte an.

5. Schritt: Repetieren (R – Review)
Versuchen Sie, die zentralen Aussagen des Textes bzw. die Antworten auf Ihre Fragen aus dem Gedächtnis zu wiederholen. Am besten läßt sich das Repetieren mit einer Partnerin/einem Partner durchführen.

Eine aktive Fragehaltung gegenüber einem Text läßt sich auch dadurch gewinnen, daß man ihn nach der Lektüre in ein fiktives Interview mit dem Autor umformt. Hierbei kann auch der pädagogische Verwendungszusammenhang betont werden. Der Autor kann z.B. aus der Perspektive einer Erzieherin/eines Erziehers interviewt werden, der wissen möchte, wie der dargestellte theoretische Ansatz in der pädagogischen Praxis helfen kann.

Wenn der Text schon auf der Ebene der Beurteilung und Stellungnahme eingebracht werden soll, kann die Konfrontation mit kontroversen Positionen, z.B. in einem fiktiven Streitgespräch, den motivierenden Aspekt mit der Notwendigkeit der genauen Texterarbeitung verbinden.

Joachim Stary und Horst Kretschmer stellen in ihrer Veröffentlichung zum Umgang mit wissenschaftlichen Texten (vgl. Stary/Kretschmer 1994, S. 70ff, 84ff.) weitere Methoden vor, die für den Pädagogikunterricht genutzt werden können.

So z.B. die **hermeneutische Kurzformel** (angelehnt an die Laswell-Kommunikationsformel):

Wer sagt	(Wer ist der/die Autor(in)? Pädagog(in)e? Ist von ihm schon etwas bekannt? Kann man ihn einer bestimmten pädagogisch-erziehungswissenschaftlichen Richtung zuordnen? ...)
was	(Welches pädagogische Problem steht im Mittelpunkt? Welche Fragen, Thesen stellt der/die Autor(in)? Was sind die zentralen Begriffe? Wie sind sie definiert? Wie belegt oder begründet der/die Autor/in seine/ihre Position? ...)
mit welcher Absicht	(Was will der/die Autor(in) mit seinem/ihrem Text erreichen? Welche Interessen verfolgt er/sie? ...)
in welcher Form	(Was wissen wir über die Quelle und die Textsorte? Wie versucht der/die Autor/in den/die Leser/in zu überzeugen? Welche sprachlichen Mittel werden eingesetzt? ...)
zu wem	(Wer sind die Adressaten des Textes? Warum lesen die Adressaten den Text? ...)

mit welcher Wirkung? (Welche Wirkung hat der Text auf mich? Welche Wirkung vermute ich bei anderen Adressaten? Hilft mir der Text bei der Beantwortung meiner Fragen?...)

Eine genauere hermeneutische Analyse muß natürlich weitere Auslegungsregeln beachten (vgl. Gudjons 1994, S. 5ff.), dies erfordert allerdings erheblich mehr Zeit.

Für die komprimierte Aufbereitung erziehungswissenschaftlicher Texte eignet sich eine **Abwandlung der V-Heuristik** aus der amerikanischen Sozialforschung (vgl. Stary/Kretschmer 1994, S. 84 ff.):

Im Mittelpunkt dieser Darstellung stehen das pädagogische Ausgangsproblem oder die zentrale Fragestellung, mit der sich der Text beschäftigt.

Auf der linken Seite werden die der Darstellung impliziten theoretischen Grundannahmen oder zentralen theoretischen Thesen festgehalten, evtl. Definitionen und Grundbegriffe.

Auf der rechten Seite wird alles gesammelt, was der Text an Praxisrelevanz enthält.

Diese recht anspruchsvolle Form der strukturierten Darstellung könte gut in Gruppenarbeit erstellt und großformatig auf Flip-Chart-Bögen gesichert werden.

Eine weitere, von mir entwickelte und erprobte Methode der Textarbeit ist die „**zergliedernde Textanalyse**". Oft haben wir es im Pädagogikunterricht mit hochkomplexen und stark komprimierten Texten zu tun. Eine Möglichkeit, damit sinnvoll umzugehen, ist es, die Komplexität und Komprimiertheit zunächst einmal aufzulösen, arbeitsteilig bearbeiten zu lassen und danach im Kurszusammenhang wieder illustrierend und erläuernd zusammenzufügen.

So kann man beispielsweise eine Definition der Persönlichkeit von Klaus Hurrelmann in einzelne Sinnabschnitte zerlegen – diese sind unten mit (/) gekennzeichnet, diese Gruppen zur arbeitsteiligen Erläuterung und Illustrierung vorlegen – eine vollständige Fassung des Textes liegt allen Gruppen aber vor – und danach sich mit der gesamten Definition befassen:

„Mit Persönlichkeit wird das (/) einem Menschen spezifische organisierte Gefüge (/) von Merkmalen, Eigenschaften, Einstellungen und Handlungskompetenzen bezeichnet, (/) das sich auf der Grundlage der biologischen Ausstattung (/) als Ergebnis der Bewältigung von Lebensaufgaben jeweils lebensgeschichtlich ergibt. (/) Als Persönlichkeitsentwicklung läßt sich die überdauernde und langfristige Veränderung wesentlicher Elemente dieses Gefüges (/) im historischen Zeitverlauf und im Verlauf des Lebens bezeichnen." (Hurrelmann 1993, S. 14).

Zur langfristigen Sicherung von Ergebnissen und Lernständen sollten die Schülerinnen und Schülern mit den Lerntechniken Protokoll schreiben, Exzerpt anfertigen, Kartei anlegen sowie mit Mindmaps oder Clustern Ergebnisse visualisieren vertraut gemacht werden. Da diese in den *Phoenix*-Bänden 1 und 2 ausführlich vorgestellt werden, verzichte ich hier auf eine Darstellung.

Eine zentrale wissenschaftspropädeutische Aufgabe, die sich auch in einer Veränderung der Abiturprüfungsordnung niederschlagen wird, ist die Befähigung von Pädagogikschülerinnen und -schülern, langfristige, selbständige Leistungen in Form von schriftlichen **Facharbeiten** oder mündlichen Referaten zu erbringen. Gerade in der Aufwertung von Facharbeiten im Pädagogikunterricht liegt eine große Chance. Die folgenden Ratschläge für Schülerinnen und Schüler sind weitgehend aus der Darstellung in *Phoenix,* Band 2 übernommen. Ich greife sie hier auf, da die Facharbeit methodisches Neuland für den Pädagogikunterricht darstellt.

1. Funktion der pädagogischen Facharbeit

Die pädagogische Facharbeit hat zum einen eine wissenschaftspropädeutische Funktion. Als Vorbereitung auf ein Hochschulstudium im erziehungswissenschaftlichen Bereich soll sie die Selbständigkeit und Selbsttätigkeit, die Kompetenz, pädagogische Sachverhalte schriftlich zu reflektieren, die vertiefte inhaltliche Durchdringung eines selbstgewählten Schwerpunktes fördern.

Sie dient aber auch der Individualisierung von Lernwegen und kann, z.B. bei einem aus sehr persönlichen Motiven gewählten Thema, einen wichtigen Beitrag zur Persönlichkeitsentwicklung leisten.

Bei einem sehr erziehungspraktisch ausgerichteten Thema, kann sie auch eine berufsorientierende Funktion haben.

2. Die Wahl des Themas

Entsprechend der unterschiedlichen Funktionen, kann es sehr unterschiedliche Themenschwerpunkte der pädagogischen Facharbeit geben:

– Schwerpunktmäßig biographisch orientierte Themen

In einem subjektorientierten Pädagogikunterricht geht es immer auch darum, sehr individuelle, persönliche Zugänge zu Themenbereichen zu eröffnen. Daraus kann sich bei einer Schülerin/einem Schüler der Wunsch ergeben, einer sehr persönlichen Frage nachzugehen. Hier bietet sich die Facharbeit an, weil sie zunächst an die Lehrerin/den Lehrer als Adressaten gerichtet ist und nicht an die Kursöffentlichkeit. Die Facharbeit dient hier der Aufarbeitung und trägt so zur analytischen Distanzierung bei, da die Facharbeit der wissenschaftspropädeutischen Fundierung dient. Das persönliche Thema kann aber zu anderen formalen Gestaltungsaspekten führen und die strenge Form der Facharbeit durch Elemente wie Zeichnungen, Fotografien, Gedichte, Tagebuchauszüge o.ä. ansatzweise auflösen. Wie weit dies gehen kann, ist stark von dem individuellen Verhältnis zur Lehrerin/zum Lehrer abhängig.

– Schwerpunktmäßig praktisch-pädagogische Themen

Probleme der pädagogischen Praxis, die nicht mit dem gesamten Kurs bearbeitet werden konnten, können zu Themen von pädagogischen Facharbeiten werden. Die Nähe zur pädagogischen Praxis ist charakteristisch für diesen Typus von

Facharbeit. Dementsprechend gestaltet sich die Informationsbeschaffung hier anders als bei den anderen Typen. Das Aufsuchen pädagogischer Praxis, die Dokumentation pädagogischer Arbeit und die theoretische Reflexion und Fundierung praktischer pädagogischer Probleme müssen hier im Vordergrund stehen.

– Schwerpunktmäßig theoriebezogene Themen
Im Unterricht kann immer nur eine begrenzte Auswahl von Themen behandelt werden. Daher ist es gut möglich, daß einzelne Schülerinnen und Schüler eine Facharbeit zu einem nicht vom Kurs gewählten theoretischen Schwerpunkt schreiben und so z.B. den lerntheoretischen Ansatz von Bandura zum Lernen am Modell sich selbständig aneignen und dies in einer Facharbeit darlegen. Aber auch hier sollte der Bogen zur pädagogischen Anwendung wissenschaftlicher Theorien geschlagen werden.
Bei der Formulierung des Themas ist es hilfreich, eine klare zugespitzte Problemfrage als plakativen Obertitel und eine eher wissenschaftsorientierte Formulierung als Untertitel zu nehmen. Dies schafft sowohl für die Autorin/den Autor wie auch die Adressatin/den Adressaten die nötige Klarheit.
Wichtig ist es schon durch die Themenformulierung, aber auch an verschiedenen Stellen der Facharbeit, deutlich zu machen, worin der inhaltliche Zusammenhang zum allgemeinen Kursprogramm besteht.

3. Planungshilfen

– Zeitplanung:
Da die Facharbeit ein langfristig angelegtes Vorhaben darstellt, ist es besonders wichtig und auch ein gutes Training, sich über die zeitliche Planung des gesamten Vorhabens einen Überblick zu verschaffen. Für die Themenwahl, die Themenformulierung und Gliederung, für die Materialbeschaffung und die eigentliche schriftliche Ausarbeitung müssen Zeiträume kalkuliert werden. Hierbei ist es ratsam, die Arbeit zu portionieren und sich Zwischenziele und Zwischentermine zu setzen.

– Gliederung:
Inhaltlich kann die pädagogische Facharbeit über die Kategorien: Wahrnehmen, Erkennen und Darstellen – Deuten, Analysieren und Erklären – Urteilen, Entscheiden und Stellung nehmen – Planen, Simulieren und Handeln gegliedert werden. Formal bietet sich der übliche Dreischritt: Einleitung, Hauptteil, Schluß an.

– Informationsbeschaffung:
Abhängig von der Wahl des Themenschwerpunktes bieten sich unterschiedliche Hilfsquellen bzw. Hilfsmittel an. Trainiert werden sollte sicherlich der systematische Umgang mit wissenschaftlicher Fachliteratur, aber auch die Befragung von pädagogischen Experten, die Auswertung von Filmen u.ä. tragen zu einer erziehungswissenschaftlich propädeutischen Arbeit bei.

– Beratung durch die/den Fachlehrer(in):
Von der Wahl des Themas über die Gliederung der Facharbeit, die Informationsbeschaffung bis hin zur konkreten Schreibarbeit ist die Beratung durch die/den Fachlehrer(in) von großer Bedeutung.

4. Formale Fragen

– Deckblatt:
Das Deckblatt sollte den Namen der Autorin/des Autors, der Lehrerin/des Lehrers, das Thema und die Angabe: Eine Facharbeit im Fach Pädagogik enthalten.

– Inhaltsverzeichnis:
Da es sich um eine umfangreichere Ausarbeitung handelt, ist es ratsam, ein Inhaltsverzeichnis anzulegen.

– Vorwort/Einleitung:
Ein Vorwort ist eher persönlich ausgerichtet und gibt Auskunft z.B. über die persönlichen Motive der Themenwahl oder die Bedingungen der Erarbeitung.
Daher ist dies nur erforderlich, wenn man ein entsprechendes Thema gewählt hat. Die Einleitung ist eher sachlich orientiert und gibt einen Überblick über Ziel und Vorgehensweise der Facharbeit. Daher ist es grundsätzlich wichtig, eine Einleitung zu verfassen.

– Zitate und Anmerkungen:
Der gewissenhafte Umgang mit dem geistigen Eigentum anderer Menschen ist ein wichtiges Anliegen der pädagogischen Facharbeit. Wörtlich übernommene Passagen aus der Fachliteratur müssen daher exakt gekennzeichnet („...") sein, Auslassungen müssen erkennbar sein [...], auch sinngemäße Übernahme muß nachgewiesen werden (vgl. Autor, Erscheinungsjahr, Seite). Ein Anmerkungsapparat ist nicht immer notwendig.

– Schlußwort:
Eine Zusammenfassung, ein Kommentar aus eigener Perspektive, eine Einordnung in den Kurszusammenhang sowie das Aufzeigen offener Fragen schließen die Arbeit ab.

– Literatur- und Quellenverzeichnis:
Am Ende der Arbeit müssen dann alle benutzten Quellen und Hilfsmittel in übersichtlicher und üblicher Form dokumentiert werden:
Autor, Titel, Erscheinungsort, Erscheinungsjahr.

Für die Anfertigung von Referaten können Schülerinnen und Schülern folgende Ratschläge gegeben werden:

1. „Die Rede ist keine Schreibe!" Der Hörer muß direkt und situativ angesprochen werden. Daher ist es sehr wichtig, das Referat nicht abzulesen, sondern, gestützt auf einen Stichwortzettel, möglichst frei vorzutragen.

2. Sprechen Sie mehrere Sinne bzw. Eingangskanäle an! Visualisierung ist sehr wichtig. So sollten Sie die Gliederung des Referates auf einer Folie oder auf einer Wandzeitung (farbig gestaltet) präsentieren. Suchen Sie Karikaturen oder Fotografien zu Ihrem Thema. Auch die Möglichkeit, etwas tun zu können, erhöht die Aufmerksamkeit.

3. Aktivieren Sie die Zuhörer! Sie können in der Einleitung Ihres Referates eine provokante These oder eine Frage formulieren und Ihre Mitschülerinnen und

Mitschüler zur Stellungnahme oder Beantwortung auffordern. Im Schlußteil des Referates fordern Sie zu einer abschließenden Diskussion auf.

4. Helfen Sie Ihren Zuhörern bei der langfristigen Speicherung der Informationen durch ein Thesenpapier, auf dem die zentralen Aussagen nachzulesen sind und auf dem wichtige Statistiken oder Grafiken abgedruckt sind.

5. Stellen Sie Zusammenhänge zu Bekanntem her! Damit die Zuhörer die Informationen gut und schnell aufnehmen können, ist es notwendig, daß ihnen deutlich wird, auf welche Elemente ihrer kognitiven Struktur sie zurückgreifen müssen und welche Aspekte neu sind.

Die Verknüpfung mit bekannten oder ähnlichen Sachverhalten, aber auch das Bewußtsein, daß es sich hier um Neues oder Gegensätzliches handelt, erleichtert die Aufnahme und das langfristige Behalten.

6. Üben Sie das freie Sprechen vor einer Gruppe. So können Sie z.B. eine <u>Fünf-Minuten-Rede</u> zu jedem beliebigen Thema halten, die folgenden Aufbau hat:

a) Standpunkt: (z.B. Entdeckendes Lernen ist der beste Weg zum Aufbau der kognitiven Struktur)
b) Begründung: (die entsprechenden Thesen von Bruner)
c) Beispiel: (aus der Reggio-Pädagogik)
d) Zusammenfassung: (daher bin ich der Meinung, daß ...)
e) Appell: (daher sollte man ...)

2.2.5 Varianten der Zukunftswerkstatt im Pädagogikunterricht

„Meine größte Sehnsucht ist, daß die vielen unterdrückten, nie ins Spiel gekommenen Kräfte der vielen Menschen, die an viel zu frühen Momenten abschalten, ausschalten, nur noch mitmachen, mitlaufen, daß dieser enorme Schatz, der in Millionen Menschen steckt, daß der gehoben wird. Ich glaube, daß das möglich ist." (Robert Jungk)

Die Zukunftswerkstatt ist sicher die erfolgreichste der neuen moderativen Großmethoden. Ihr Name ist heute Synonym für humane Innovation. So fordert beispielsweise Otto Herz vom GEW-Bundesvorstand, die Schule müsse sich von der „Lehranstalt zur Zukunftswerkstatt" wandeln. Die Methode wird heute auf allen Ebenen und in allen Bereichen des Bildungssystems eingesetzt, in Gewerkschaften, in der Unternehmensentwicklung, in Bürgerinitiativen, Verbänden und Parteien.

Ich selbst habe praktische Erfahrungen mit unterschiedlichsten Formen von Zukunftswerkstätten mit Schülerinnen und Schülern aller Altersstufen, in der Referendarausbildung, in der Lehrerfortbildung in den Fächern Sozialwissenschaften und Pädagogik gemacht. Die Methode hat sich in allen Fällen als außerordentlich motivierend und produktiv erwiesen.

In der methodischen und didaktischen Literatur zum Pädagogikunterricht ist die Methode noch nicht fachspezifisch erschlossen. Daher möchte ich sie hier etwas ausführlicher darstellen.

Die Methode Zukunftswerkstatt wurde in den 60er Jahren von dem Zukunftsforscher Robert Jungk entwickelt. Jungk nutzte die Ergebnisse der amerikanischen Kreativitätsforschung und integrierte sie in seinen Kontext einer sozialreformerischen Demokratisierung aller Lebensbereiche. Zusammen mit Norbert Müllert (vgl. Jungk/Müllert, München 1989, zuerst 1981) setzte er diese Methode in der Bürgerinitiativbewegung, in industriellen Großunternehmen sowie in landespolitischen Projekten zur Technikfolgeabschätzung ein und entwickelte sie immer weiter.

Für Weinbrenner/Häcker (zuletzt 1995, S. 23 ff.) weist die Methode Zukunftswerkstatt folgende charakteristische Merkmale auf:

– Sie ist basisdemokratisch – als Demokratisierungsinstrument eröffnet sie Gestaltungsmöglichkeiten für Betroffene.
– Sie ist integrativ – Gegensätze von Lehrenden und Lernenden, Experten und Laien, Planern und Verplanten sollen möglichst aufgehoben werden.
– Sie ist ganzheitlich – der ganze Mensch mit allen Sinnen und allen Talenten wird angesprochen; der einzelne Mensch ist Ausgangspunkt, wird aber im gesellschaftlichen Zusammenhang betrachtet.
– Sie ist kreativ – neue Problemlösungen sollen gefunden werden, Phantasie, utopisches Denken, sozialer Erfindungsgeist sind notwendige Bestandteile.
– Sie ist kommunikativ – viele Menschen fühlen sich ein erstes Mal angesprochen, ihre Kritik offen zu formulieren und sich gemeinsam an der Entwicklung von Alternativen zu beteiligen.
– Sie ist provokativ – ohne innere und äußere Zensur soll infragegestellt werden, radikale neue Ideen sollen provozieren und sich im Diskurs überprüfen lassen.

Diese charakteristischen Merkmale machen deutlich, daß die Rolle der Pädagogiklehrerinnen und -lehrer sich in diesem Kontext von einer primär lehrenden zu einer moderierenden Rolle verändern muß.

Zukunftswerkstätten werden in der Regel im Team (Teamgröße abhängig von der Zahl der Teilnehmer) moderiert.

Die Zukunftswerkstatt hat eine Grundstruktur, die aus **drei Kernphasen, einer Vorbereitungs- und einer Abschlußphase** besteht.

In der Ursprungsversion dauert eine Zukunftswerkstatt mehrere Tage, inzwischen gibt es aber viele Varianten, die an die Bedingungen z.B. im Schulbereich angepaßt sind und die hier vorgestellt werden.

In der **Vorbereitungsphase** müssen Zeit-, Raum- und Materialfragen geklärt werden. Diese sind aber nicht unerheblich für den Bereich der Schule, da typische Moderationsmaterialien zur Visualisierung, Platz für intensive Gruppenarbeit benötigt wird und in der Regel ein Verlassen des üblichen Stundenrasters notwendig ist.

Wichtiger aber ist die Einführung der Methode und die gemeinsame Findung des Themas. Da für das Gelingen der Zukunftswerkstatt die Einhaltung der Regeln der Methode unerläßlich ist, muß der Grundgedanke der Methode, Struktur und Sinn der einzelnen Phasen sowie die mit den Phasen verbundenen Regeln vorher transparent gemacht werden. Die gemeinsame Formulierung des Themas und der Ausgangsfragestellung ist für das Gelingen ebenfalls eine zentrale Voraussetzung. Die Teilnehmerinnen und Teilnehmer müssen ein zentrales Interesse an der Leitfrage der Zukunftswerkstatt haben und müssen an der Generierung des Themas beteiligt werden.

Die erste Kernphase, die **Kritikphase**, hat das Ziel, eine möglichst radikale und präzise Kritik gegenwärtiger Mißstände und zukünftiger Probleme im Bereich des Themas zu leisten. Eine typische Ausgangsfrage zu einer Zukunftswerkstatt zur

„Schule für das dritte Jahrtausend" könnte zum Beispiel sein: „Wenn ich an meine Schulzeit denke und an die Schulzeit meiner Kinder, was macht mir Angst, Sorge, Wut ...?".

Nach einer Einstimmung, z.B. mit einer Phantasiereise, wird das, was an kritischen Assoziationen zu dieser Ausgangsfrage bei den Teilnehmerinnen und Teilnehmern ausgelöst wird, mit Brainstorming-Methoden gesammelt und festgehalten. Hierbei ist wichtig, daß zunächst auf eine Diskussion verzichtet wird, um alle individuellen Kritikpunkte unzensiert zu sammeln und diese, stichpunktartig formuliert, zu visualisieren und zu dokumentieren.

Hieran schließt sich die Sichtung, Systematisierung und Bewertung in Arbeitsgruppen an. Eine Bewertung kann z.B. durch die Vergabe von Klebepunkten erfolgen.

Die Gruppen versuchen im Anschluß an diese bewertende Sichtung, thematische Schwerpunkte zu bilden und die Kritik möglichst radikal, pointiert und konkret zuzuspitzen und zu formulieren. Dieses auf den Punkt bringen ist wichtig, weil es das Ausgangsmaterial für die weitere Arbeit liefert.

In der Langversion der Zukunftswerkstatt sollte im Anschluß hieran versucht werden, die formulierte Kritik in kreative Formen umzusetzen und dem Plenum zu präsentieren. Mit Rollenspielen, Statuen- bzw. Zeitungstheater, Collagen, fiktiven Reden usw. kann versucht werden dieser Kritik eine konkrete, anschauliche Form zu geben. Diese oft ins kabarettistische übergehende Formen der Weiterverarbeitung bieten auch ein Ventil, um die radikal formulierte Kritik emotional verarbeiten zu können und Kraft für Veränderung zu gewinnen. Jede Phase sollte durch eine Prozeßreflexion, z.B. mit einem Blitzlicht, abgeschlossen werden.

Je nach Verlauf kann es auch sinnvoll sein, einen konstruktiv-positiven Ausblick auf die nächste Phase zu geben, in der die positive Kraft der Utopie zum Tragen kommt. In der **Utopiephase** geht es darum, sich Klarheit zu verschaffen, welchen Idealzustand man sich zu dem gewählten Thema vorstellen kann. Dies dient im rationalen Sinne der Zielklarheit des eigenen Handelns und im emotionalen Sinne der intensiven Motivierung des eigenen Handelns. In dieser Phase lauten die zentralen Regeln: Nichts ist unmöglich! Alle Macht, alles Geld, alle Zeit muß man sich als gegeben vorstellen. Sogar Naturgesetze können außer Kraft gesetzt werden, um unbefangen und spielerisch nach neuen, noch nicht gedachten Möglichkeiten Ausschau zu halten. Daher sollte alles getan werden, um freies Gedankenspiel, ohne Zensur oder Selbstzensur und freie Wahl der Präsentation zu ermöglichen. Nach einer Einstimmung zur Schaffung eines entspannten Klimas und zur Stimulierung der Phantasie wird an der radikal zugespitzten Kritik aus der Kritikphase angeknüpft. Diese soll nun positiv gewendet werden. Die Gruppen (es ist sehr sinnvoll in konstanten Gruppen während der gesamten Zukunftswerkstatt zu arbeiten) sollen nun, anknüpfend an ihre Kritik, das traumhaft-utopische-ideale Gegenbild entwerfen. Dieses wird zunächst mit Methoden des individuellen oder kollektiven Brainstormings entwickelt, danach systematisiert und bewertet und zu einem konkreten Projekt ausgearbeitet. In der Langversion der Zukunftswerkstatt folgt dann wieder die Form der kreativen Verarbeitung und Präsentation im Plenum.

Die **Verwirklichungsphase** soll, nachdem das visionäre Ziel klargeworden ist, konkrete Schritte der Verwirklichung in die richtige Richtung erbringen. Hierbei ist es notwendig, so konkret wie möglich zu werden und die Schritte, seien sie auch noch so klein, sehr konkret zu beschreiben. Schließlich soll jedem einzelnen deutlich werden, welchen eigenen Beitrag er schon unmittelbar im Anschluß an die Zukunftswerkstatt leisten kann.

Die Verwirklichungsphase beginnt mit der kritischen Prüfung der Hindernisse, die dem Umsetzen der utopischen Pläne im Wege stehen. Entgegenstehende Interessen, blockierende Interessengruppen mit ihren Motiven, vermeintliche und reale Sachzwänge müssen analysiert werden. In einem zweiten Schritt sollen konkrete Durchsetzungsstrategien entwickelt werden. Wo sollen Prioritäten gesetzt werden, welche konkreten Maßnahmen zur Verbesserung führen in die richtige Richtung, welche Verbündete können gewonnen werden. In einem dritten Schritt soll ein sehr konkretes Kleinprojekt in allen Details geplant werden: Was, soll wie, mit wem, wo und wann getan werden? In einem letzten Schritt soll dieses Projekt dann kreativ und argumentativ überzeugend dem Plenum vorgestellt werden.

Robert Jungk hat im Laufe seiner Arbeit eine weitere Phase konzipiert und erprobt: die **permanente Werkstatt**. So arbeiten Bürgerinitiativen über Jahre an einem Projekt, welches durch eine Zukunftswerkstatt initiiert wurde. An einer Schule kann sich aus einer Zukunftswerkstatt ein langfristig arbeitender Kreis zur inneren Schulreform entwickeln.

Jungk und Müllert beschreiben in ihren Ausführungen zwei unterschiedliche Typen der Zukunftswerkstatt:

– die Problemlösewerkstatt – in einem konkreten Problemkontext, z.B. der Stadtteilsanierung, arbeitet eine Bürgerinitiative an der zukünftigen Gestaltung ihres Wohnviertels.
– die Lernwerkstatt – im Bildungsbereich, also, sofern es nicht um die Neugestaltung der eigenen Bildungseinrichtung geht, in einem Kontext, der Problembereiche und Problemlösungen antizipierend und simulierend bearbeitet, können alle Fragen der Zukunftsgestaltung mit dieser Methode realitätsnah untersucht werden.

Weinbrenner (Weinbrenner 1988, S. 527 ff.) hat für die Lehrerfortbildung einen besonderen Typ der **Zukunftswerkstatt mit Input** entwickelt. Er geht davon aus, daß es sich bei Lehrerfortbildungsgruppen um vergleichsweise homogene Gruppen mit erheblichem Vorwissen handelt, die auf den Wissens- und Inhaltsaspekt einer Tagung großen Wert legen, um möglichst viel „Unterrichtsverwertbares" zu erhalten. Daher hält er es in diesem Kontext für angebracht, fachwissenschaftliche oder auch fachdidaktische Input-Referate einzubeziehen.

Bei dieser Variante muß allerdings darauf geachtet werden, daß diese Input-Beiträge nicht ein zu großes Gewicht erhalten und so die o.g. Merkmale der Methode gefährden.

Die besondere lernpsychologischen Qualität der Zukunftswerkstatt, die den enormen Erfolg dieser Methode erklärt, liegt nach meiner Erfahrung in folgenden Aspekten begründet:

– Jungk kennzeichnet sie als intuitiv-emotionale und rational-analytische Methode. Sie ist also eine Methode, die im Deweyschen Sinne zur „denkenden Erfahrung" führt. Sie spricht den ganzen Menschen mit all seinen Fähigkeiten an.

- In diesem Sinne mobilisiert sie die kreativen Ressourcen der Menschen, die sonst im Bildungsbereich nicht aktiviert werden.
- Sie ist eine sehr teilnehmerorientierte Methode. Die Teilnehmerinnen und Teilnehmer erleben, wie von der Ausgangsfragestellung bis zum konkreten Endprodukt alle ihre Fragen, Kenntnisse, Potentiale im Prozeß Gestalt gewinnen.
- Sie ist eine sehr kooperative und kommunikative Methode, in der die positive Kraft der Gruppe zum Tragen kommt.
- Die radikale Formulierung von Kritik, ihre kreative, z.T. karikierende Pointierung hat eine gewisse katharsische Wirkung.
- Der Perspektivwechsel von der radikalen Kritik zum utopischen Gegenteil ermöglicht völlig neue Einsichten und wird immer als überraschend produktiv erlebt. Gegen die radikale Formulierung von Kritik wird oft von Gruppen Widerstand gebildet und der Wunsch, auch Positives äußern zu wollen entsteht. Bei der Vorstellung der Methode muß daher eindringlich betont werden, daß es sich um eine sehr konstruktive Methode handelt und nur die erste Phase die Kritik am Bestehenden in den Vordergrund rückt.
- Die emotionale Kraft des Wunsches (vgl.Neumann-Schönwetter 1995, S. 56 ff.), die Möglichkeit utopisch zu denken in der Phantasiephase wird als sehr stimulierend erlebt.
- Rational-diskursiv ermöglicht dieses utopische Denken ein Klarwerden über Ideale, Ziele und Prioritäten. Allein dies ist oft schon ein entscheidender Schritt, Dinge neu anzupacken.

Bei der Vorstellung der Methode wird deutlich geworden sein, daß eine Realisierung aller Merkmale der Methode Rahmenbedingungen erfordern, die mit vielen äußeren Bedingungen des Schulalltags kollidieren. Inzwischen liegen aber viele Erfahrungsberichte vor, die nachweisen, daß auch unter den heutigen Bedingungen von Schule, Zukunftswerkstätten realisiert werden können (vgl. Burow/Neumann-Schönwetter 1995).

Im Pädagogikunterricht habe ich Erfahrungen mit folgenden Varianten:

Die Minimal-Zukunftswerkstatt:

Sie transportiert allerdings wirklich nur den Grundgedanken und ermöglicht nicht die vielen kreativen, kommunikativen und kooperativen Prozesse.

Die Schülerinnen und Schüler haben drei DinA4-Bögen vor sich. Auf dem ersten Bogen notieren sie alle Kritikpunkte, die ihnen zu einer Ausgangsfragestellung assoziativ einfallen. Danach umkreisen sie die drei Aspekte, die sie für die dringlichsten halten. Anschließend halten sie auf dem zweiten Bogen fest, wie sie sich zu diesen drei Punkten die utopisch-optimale Lösung, völlig losgelöst von Realisierungsbedingungen, vorstellen. Auf dem dritten Bogen versuchen sie schließlich, ein oder mehrere konkrete Schritte in die Richtung ihres utopischen Zieles zu entwickeln, die sie tatsächlich auch umsetzen können.

Im Anschluß hieran kann ein Austausch im Plenum oder zunächst in Gruppen vorgenommen werden.

Diese Minimalvariante ist denkbar unter ungünstigen zeitlichen Bedingungen als Einstieg in ein neues Thema. Der erstaunlichen Effekt des Perspektivwechsels tritt auch unter diesen sehr eingeschränkten Bedingungen auf. Fragen, Thesen, Problemdefinitionen und erste Problemlösungsvorschläge sind auf diese Weise für jede einzelne Schülerin und jeden einzelnen Schüler generierbar. Eventuell entdeckt auch ein einzelner Schüler „sein Thema". Gute Erfahrungen habe ich auch damit gemacht, auf diese Art und Weise, den Kerngedanken der Methode Zukunftswerkstatt in Lehrergruppen einzuführen.

Die 3-Doppelstunden-Variante:

In jedem Pädagogik-Kurs ist es möglich, zu Beginn eines Halbjahres, am Ende oder in der Mitte als Exkurs eine Zukunftswerkstatt einzuplanen und für jede der Kernphasen eine Doppelstunde vorzusehen. In jedem Lernbereich gibt es geeignete Fragestellungen, die einen ertragreichen Einsatz der Methode möglich machen. Zum Beispiel zu Beginn der Jahrgangsstufe 11. Erziehung – muß das sein?!

Kritikphase: Ausgangsfrage „Wenn ich an meine Erziehung und die Erziehung anderer Kinder denke, dann ärgert mich, macht mir Sorge, klage ich an ...!"

Utopiephase: Was wäre die beste, traumhafte, ideale Erziehung, die ich mir vorstellen kann?"

Verwirklichungsphase: „Was wären erste gangbare Schritte, das Verhältnis von Erziehern und Erzogenen in die gewünschte Richtung zu verändern und was könnte ich ab morgen selbst dazu beitragen?"

Wenn jeweils eine Doppelstunde für jede Phase zur Verfügung steht, ist es möglich, zumindest einige der kommunikativen und kreativen Elemente einzubauen.

Die 3-Tage-Variante:

Im Rahmen einer Projektwoche, die ja immer häufiger auch an bestehende Lerngruppen anknüpft, kann jede der drei Kernphasen einen Tag bzw. einen Halbtag in Anspruch nehmen. Unter diesen Bedingungen ist es dann möglich, alle methodischen Teilelemente zu realisieren: Von der Phantasiereise zu Beginn des Tages, über die zeitintensive Erarbeitung in Gruppen, bis hin zur gemeinsamen Auswertung jeder Phase und der gemeinsamen Planung der nächsten Schritte. Hier wäre auch denkbar Input-Beiträge zu integrieren.

Da die Methode Zukunftswerkstatt sehr produktorientiert ist und alle Ergebnisse in jeder Phase dokumentiert und visualisiert werden, ist es am Präsentationstag der Projektwoche gut möglich, die Schulöffentlichkeit über Prozeß und Ergebnisse und evtl. kreative Teilprodukte zu informieren. Das Thema Schule für eine Zukunftswerkstatt eines Pädagogikkurses würde vielleicht viele nützliche Impulse für den Schulentwicklungsprozeß geben und Schülerinnen und Schüler daran auch langfristig beteiligen.

Die „gespreizte" Halbjahres-Variante:

Wenn ein Pädagogikkurs problemzentriert an einem Halbjahresthema arbeitet, können die Phasen der Zukunftswerkstatt über das Halbjahr verteilt werden. Die Kritikphase könnte als Einstieg dienen und leitende Fragen generieren. Im weiteren Verlauf könnten Theorieelemente eingebaut werden, die die formulierte Kritik stützen, fundieren, relativieren oder zur Modifikation der Kritik beitragen.

Die Utopiephase würde den Blick auf alternative Handlungskonzepte lenken, die zunächst von den Schülerinnen und Schülern selbst entwickelt werden. Literatur, Erkundungen, Expertenbefragungen u.ä. würden dann einen Einblick in schon bestehende Modelle oder Modellversuche ermöglichen (alternative Schulen beispielsweise). Ein Einblick in die Wirklichkeit mancher alternativer Versuche trägt zur Korrektur eigener Traumwelten bei.

In der Verwirklichungsphase am Ende eines Halbjahres würde es dann um konkrete Handlungsschritte des Kurses gehen, bzw. um kleine Beiträge, die geeignet sind, ein Stück zur Problemlösung beizutragen.

2.2.6 Forschendes Lernen in Projekten

Beide Komponenten der Überschrift stellen den Pädagogikunterricht unter höchste Erwartungen, denen man sich unter den momentanen Bedingungen von Schule nur annähern kann.

Wenn man die Merkmale von Projektunterricht, orientiert an Bastian und Gudjons (vgl. Dies.1989), auf den Pädagogikunterricht bezieht, kann man zu folgender Beschreibung gelangen:

a) Ein echtes, relevantes Problem der Erziehungswirklichkeit ist Ausgangspunkt und Zentrum der Arbeit.

b) Dieses Ausgangsproblem wurde von den Schülerinnen und Schülern ausgewählt und ist für sie von Bedeutung.

c) Das Problem wird in einem zielgerichtet geplanten, selbstorganisierten und selbstverantwortlichem Prozeß bearbeitet.

d) Die gesellschaftliche Eingebundeneinheit und Bedeutung dieses Problems der Erziehungswirklichkeit wird mit in den Blick genommen.

e) Die Arbeit ist auf die Erstellung eines konkreten Produktes gerichtet.

f) Der Erarbeitungsprozeß ist ganzheitlich unter Beteiligung vieler Sinne gestaltet.

g) Der Prozeß findet im Kontext einer sozialen Gruppe statt und fördert das soziale Lernen.

h) Fächerübergreifende Bezüge werden möglichst hergestellt. Die Integration in den Zusammenhang des Gesamtunterrichtes ist ebenfalls wichtig.

In einem Schulkontext, in dem entdeckendes Lernen den Alltag bestimmt und in dem Selbstregulation das gesamte Schulleben charakterisiert, sind diese Merkmale sicherlich umsetzbar. In einer Schule, die überwiegend belehrenden Charakter hat und eher durch Hierarchie und Partellierung gekennzeichnet ist, können – vor allem was den Grad der Selbstbestimmung betrifft – wahrscheinlich nur Teilelemente und Vorformen realisiert werden.

Das Konzept der Freiarbeit, vor allem im Grundschulbereich vielfach erprobt, ansatzweise auch in der Sekundarstufe I, nur zögerlich in der Sekundarstufe II, könnte eine solche Vorform sein, in der Teilemente eingeübt werden können, um dann in anspruchsvollen Projekten darauf aufbauen zu können.

Freiarbeit bietet die Möglichkeit, zu selbständigem Arbeiten nach eigener Themenwahl, eigenem Rythmus und Sozialform, unterstützt durch vom Lehrer entwickelte oder ausgesuchte Arbeitsmittel, organisiert in der Regel durch Tages- oder Wochenpläne (vgl. Bastian 1993).

Auch das Konzept des offenen Unterrichts ist eine Vorform des Projektunterrichts. Die Bezeichnung „offener" Unterricht darf aber nicht darüber hinwegtäuschen, daß es „Unterricht" bleibt, also eine institutionalisierte, geplante, zielgerichtete Inszenierung des Wissenserwerbs. Ähnlich wie in der Freiarbeit wird der Verschiedenheit der Lernenden durch individualisierte Lernwege Rechnung getragen, eine Öffnung gegenüber der Lebenswelt, eine Öffnung der Fächergrenzen wird angestrebt. Über die Freiarbeit hinaus sollen unter Berücksichtigung gegebener Richtlinien die Fragen der Schülerinnen und Schüler im Mittelpunkt stehen, Mit- und Selbstbestimmungsprozesse unterstützt werden und vielfältige, aktivierende Methoden eingesetzt werden (vgl. Bastian 1995).

Für den Pädagogikunterricht sind viele Vorformen des reinen Projektunterrichtes denkbar, die sich im Alltag bewährt haben und die helfen, Schülerinnen und Schüler auf völlig selbständige Projektarbeit vorzubereiten. Darüber hinaus kommt die problemzentrierte Organisationsform des Lernens dem Projektgedanken sehr nahe, sodaß viele Merkmale projektorientierten Arbeitens in der problemzentrierten Halbjahresplanung realisiert werden können. Neben diesen sehr schülerorientierten Arbeitsweisen sind aber auch andere Formen des Arbeitens denkbar, wie Lehrervortrag oder Lehrgang, wenn die Problemzentrierung, die Ökonomie des Halbahres und anstehende Klausuren es notwendig machen.

- So sind begrenzte Teilprojekte, integriert in Halbjahresplanungen oder kleinere Unterrichtseinheiten, als Trainingsfeld denkbar. Etwa die selbständige Recherche im Rahmen eines Halbjahresthemas „Werden wir zu Mädchen/Jungen gemacht? – Geschlechtsspezifische Erziehung, Entwicklung und Sozialisation", ob in der Oberstufe der eigenen Schule die Schülerinnen und Schüler eine geschlechtsspezifisch unterschiedliche Kurswahl vornehmen. Mit Unterstützung der Projektleitung Oberstufe können Schülerinnen und Schüler selbständig anonymisierte Daten erheben, auswerten, darstellen und interpretieren und in den Kontext des Halbjahres stellen. In diesem Zusammenhang ist auch eine qualitative Untersuchung des Kursklimas in „Jungen" und „Mädchen"-Kursen möglich (also z.B. der Vergleich der Arbeitsbedingungen in Physik- und Pädagogikkursen).
- Eigenständige Erkundungen in Kleingruppen, z.B. in pädagogischen Institutionen können Kleinprojekte darstellen. Der möglichst häufige Einsatz von längerfristiger Gruppenarbeit ist eine wesentliche Voraussetzung für das Gelingen von Projektarbeit. In herkömmlichen Projektwochen scheitern viele Projektgruppen daran, daß sie mit gruppendynamischen Problemen nicht fertig werden oder diese zuviel Zeit und Energie kosten. Solange Teamarbeit nicht zum normalen Unterrichtsalltag gehört, wird es kaum möglich sein, erfolgreich Projektarbeit durchzuführen.
- In der Zeitschrift des Pädagogiklehrerverbandes habe ich über ein Kooperationsprojekt mit der Universität Bielefeld berichtet (vgl. Stiller 1990). Im Rahmen des Halbjahresthemas „Warum werden Jugendliche kriminell?" hat der Leistungskurs EW eigene Hypothesen über den Zusammenhang unterschiedlicher Problembelastungsfaktoren und Erscheinungsformen abweichenden Verhaltens aufgestellt. Diese Hypothesen wurden dann, nach vorheriger Absprache, Prof. Dr. Hurrelmann und Dr. Mansel übermittelt. Diese haben die Hypothesen der Schülerinnen und Schüler dann mit Hilfe eines Datensatzes aus ihrem empirischen Großprojekt überprüft. Der Leistungskurs hatte dann die Gelegenheit, einen Tag lang an der Universität Bielefeld gemeinsam mit Prof.Hurrelmann und Dr. Mansel die Daten auszuwerten und zu interpretieren. Bei dieser Gelegenheit lernten sie auch elementare Grundlagen der Statistik kennen.

- Sinnvoll ist es, an der Schule darauf hinzuwirken, daß Projektwochen auch mit den bestehenden Lerngruppen durchgeführt werden können. An vielen Schulen ist es inzwischen Praxis, Fach- oder Projekttage in der Oberstufe z.B. in einer Leistungskursschiene durchzuführen.
- Projektlernen kann auch mit der Erstellung von Facharbeiten und Referaten verbunden werden. Ich habe gute Erfahrung damit gemacht, die „Extra-Stunde"(s.Kap. 2.2.1) in der Halbjahresmitte für Gruppen- und Einzelprojekte zu reservieren. In einem begrenzten Zeitraum können die Schülerinnen und Schüler dann ihre selbstgewählten Themen individuell oder in Kleingruppen bearbeiten.
- Fächerübergreifende Projekte sind unter den Bedingungen der Schule noch schwerer zu realisieren, aber in vielen Themenbereichen drängen sich fächerübergreifende Arbeitsweisen geradezu auf. So ist das Thema „Erziehung im Nationalsozialismus" nicht ohne historisch-politische Elemente denkbar. Für die pädagogische Auseinandersetzung mit Identität und Identitätsbildung wäre die Zusammenarbeit mit Kunst- oder Literaturkursen eine große Bereicherung. In den Bereichen Lernen und Entwicklung wäre ein Austausch, z.T. ein sehr kontroverser Austausch, mit dem Fach Biologie sehr förderlich.

Bessere Bedingungen für das forschende Lernen in Projekten wird es wohl erst dann geben, wenn neben den hier vorgestellten Vorformen, die Idee der Bildungskommission NRW umgesetzt wird, epochales Lernen zu institutionalisieren.

3. Zur Arbeit mit dem Schulbuch *Phoenix:* Individuelle und kollektive Lehr- und Lernwege in einer anregenden Lernlandschaft

2000 erschienen im Schöningh Verlag die beiden Bände des neuen Lehrwerkes *Phoenix* für das Fach Erziehungswissenschaft an der gymnasialen Oberstufe (Band 1 für die Jahrgangsstufe 11, Band 2 für die Jahrgangsstufe 12/13). Konzept und Realisation sind in jahrelanger Teamwork entwickelt worden. Neben meinen Erfahrungen und konzeptionellen Positionen, die ich hier dargelegt habe, sind von Gudrun Maciejewski vor allem Anregungen und erprobte Materialien aus dem berufsbildenden Bereich, der Erzieherinnen- und Erzieherausbildung und von Heinz Dorlöchter Gesamtschul- und Fortbildungserfahrungen eingebracht worden. Darüber hinaus erschien 1999 „Der kleine Phoenix" für das Fach Pädagogik in der Sekundarstufe I (Differenzierungsbereich 9/10, Gymnasium).

Der Name *Phoenix* ist als anspruchsvolles Programm zu verstehen. Neue Wege sollen eingeschlagen werden. Dieser Neuigkeitsanspruch bezieht sich auf

Inhalte: Die in diesem Fachdidaktik-Buch skizzierten Paradigmenwechsel werden in den beiden *Phoenix*-Bänden aufgegriffen und materialmäßig aufbereitet.

Ziele: Die hier entfalteten Zieldimensionen des Pädagogikunterrichtes sind auch die leitenden Zielorientierungen des Lehrwerkes. Wir haben diese für die Schulbuchlandschaft neuen Ziele in den beiden Vorworten zu *Phoenix* Band 1 und 2 ausführlich den Schülerinnen und Schülern sowie den Lehrerinnen und Lehrern vorgestellt.

Methoden: Entsprechend den methodischen Prinzipien (s. Kap. 2.1) werden sie in dem als Arbeitsbuch konzipierten Werk integriert angeboten. Alle methodischen Vorschläge wurden intensiv im Vorfeld erprobt. Diese integrierte Vorgehensweise ist auch, nicht nur für den Pädagogik-Schulbuchmarkt, ein neuer Weg.

Verständnis von Erziehung: Wir verstehen unser Buch als Anregungspotential für alle, die mit ihm arbeiten, neu über Erziehung nachzudenken und statt des Verharrens in einer Position des Klagens konstruktiv-kritisch über eine „weiße" Pädagogik, Möglichkeiten und Grenzen einer dialogischen Pädagogik der Achtung nachzudenken, zu diskutieren und sie ein Stück weit im Pädagogikunterricht selbst zu realisieren.

Vielfalt der Lernwege: Ein neuer Anspruch besteht auch darin, reale inhaltliche und methodische Auswahlmöglichkeiten für Schülerinnen und Schüler sowie Lehrerinnen und Lehrer anzubieten, die für sehr individuelle Lernwege und für Kooperation in Kleingruppen genutzt werden kann. Darüber hinaus wird aber auch ein gemeinsamer Arbeitsrahmen für den gesamten Kurs zur Verfügung gestellt sowie zahlreiche methodische, lern- und arbeitstechnische Hilfen angeboten.

Zunächst erscheint es vielleicht als Widerspruch, in einem Schulbuch subjektorientiert arbeiten zu wollen. Schließlich sind die Schulbuchmacher gezwungen, viele Entscheidungen zu treffen und Setzungen vorzunehmen, die die Leserinnen und Leser nicht beeinflussen können. Wir haben aber versucht, soweit es das Medium Schulbuch zuläßt, die Leserin und den Leser in eine aktive, produktive Rolle zu versetzen, sie und ihn immer wieder zur biographischen Reflexion zu veranlassen, das Gespräch zu suchen, z.T. durch provokante Thesen zur Entwicklung einer eigenen Position zu bewegen. Vor allem die durch die Vielfalt der Methoden und Inhalte notwendig zu leistende Entscheidungsfindung eröffnet neue Möglichkeiten der Selbst- und Mitbestimmung in der Arbeit mit dem Schulbuch.

Besonderen Wert haben wir in allen Bereichen des Schulbuches darauf gelegt, individuelle Zugangsmöglichkeiten zu den Themenbereichen zu schaffen, um so die eigene Betroffenheit und den persönlichen Sinn immer wieder aufzuspüren und die „Themen an sich" zu „Themen für sich" umzuarbeiten.

Der Aspekt der Subjektorientierung wird nicht zuletzt immer wieder inhaltlich für den Bereich der Erziehung thematisiert. Schließlich ist ein Schulbuch, genau wie die strukturellen und konkret institutionellen sowie interaktiven Rahmenbedingungen von Pädagogikunterricht, Teil der objektiv gegebenen, aber beeinflußbaren Realität – also Bestandteil der Subjekt-Objekt-Dialektik, die ich im Kapitel 1.3 beschrieben habe.

Auch die Dialektik von Gleichheit und Differenz, von Fremd- und Selbstachtung, von Möglichkeiten und Grenzen des Verstehens werden sowohl inhaltlich thematisiert wie auch strukturell umgesetzt. Differente Lernwege, differente Positionen lassen sich einnehmen vor einem gemeinsamen Hintergrund und Arbeitsrahmen.

Die Leserinnen und Leser sollen in einen Dialog treten mit sich selbst, mit den anderen am Lernprozeß Beteiligten, mit dem Buch, seinen Nutzungsmöglichkeiten und Diskussionsangeboten. Die Frage, wie man Erziehung dialogisch gestalten kann, zieht sich wie ein roter Faden durch alle Bereiche und wird explizit in einem Kapitel zur Pädagogik der Achtung von Janusz Korczak grundgelegt. Wir haben versucht, alle Anregungen aus der konstruktivistischen Diskussion der letzten Jahre aufzugreifen und eine Lernlandschaft zu konstruieren, welche immer wieder reale Probleme der Erziehungswirklichkeit zum Ausgangspunkt von Lernprozessen nutzt. Die Leserinnen und Leser sollen sich möglichst selbsttätig in dieser Landschaft bewegen können, auswählen, Freiräume nutzen, selbstreflexiv und kommunikativ agieren. Die Lehrerin und der Lehrer sollten sich neben ihrer wissenvermittelnden auch in einer erzieherischen und moderativ begleitenden Anregungsrolle sehen. Schließlich werden konstruktivistische Positionen im Bereich der Lernpsychologie inhaltlich und methodisch aufbereitet sowie auf einer methodologischen und wissenschaftstheoretischen Ebene zur Diskussion gestellt.

Problemzentriertes Lernen im Pädagogikunterricht erhält so eine neue Basis. Von der leitenden Problemstellung über ganzen Themenkreisen bis hin zu sehr konkreten Problemlösesituationen aus der Erziehungspraxis wird diese didaktisch-methodische Leitkategorie mit Leben gefüllt. Das Buch versetzt Pädagogiklehrerinnen und -lehrer in die Lage, Theorie und Praxis erzieherischen Handelns, mit allen normativen und gesellschaftlichen Implikationen, wissenschaftspropädeutisch und handlungspropädeutisch zu bearbeiten und dabei den Ausgangspunkt: das handelnde Subjekt sowie die Hier-und-Jetzt-Dimension des Unterrichtes produktiv zu nutzen.

4. Pädagogikunterricht in unterschiedlichen Arbeitszusammenhängen: Pädagogikunterricht in der Sekundarstufe I und II, in beruflichen Bildungsgängen, im Grundstudium an der Universität, in der Referendarausbildung

Die Thematisierung von Erziehung in unterschiedlichsten Bildungsgängen vollzieht sich immer – offen oder verdeckt – in einer biographischen Dimension, es geht immer um die Reflexion von Beziehungen, erzieherisches Handeln und konkrete erzieherische Probleme sind immer Ausgangs- und Endpunkt und schließlich geht es immer um theoretische Reflexion, erziehungswissenschaftliche Untersuchung und Theoriebildung. Die Thematisierung von Erziehung wird immer in den gleichen Grunddimensionen, aber mit unterschiedlichen Schwerpunktsetzungen vollzogen. Theorie, Praxis, Biographie und Interaktion werden je nach Standort im Bildungssystem unterschiedlich in die Balance gebracht.

In diesem Buch habe ich, ausgehend von meiner primären Erfahrungsbasis – der gymnasialen Oberstufe – versucht, den Ausbalancierungsakt für das Fach Erziehungswissenschaft an Gesamtschuloberstufe und der Sekundarstufe II am Gymnasium zu leisten.

Im Bereich der Sekundarstufe I gibt es im föderalen Bildungssystem der Bundesrepublik Deutschland drei Grundvarianten der Thematisierung von Erziehung (vgl. Wierichs 1996, Knöpfl 1995, Langefeld 1992):

1. Eine erziehungskundliche Variante. Am stärksten in Bayern, als Pflichtfach an Hauptschulen, ausgerichtet primär auf die Vermittlung nützlichen Wissens für angehende Eltern. In ähnlichen Orientierungen auch an Realschulen unterschiedlichster Bundesländer vorfindbar.
2. Eine lebenskundliche Variante. Kolleginnen und Kollegen aus dem Verband der Pädagogiklehrer in Nordrhein-Westfalen haben unter der Leitung von Jürgen Langefeld ein curriculares Konzept entwickelt, welches den Schwerpunkt auf die Hilfe zur Identitätsfindung im Jugendalter legt (vgl. Langefeld u.a. 1989) und vor allem im Gesamtschulbereich zur Anwendung kommt.
3. Eine theoriebetonte Variante. Die neuen Richtlinien (vgl. Ministerium für Schule und Weiterbildung 1995) für das Fach Erziehungswissenschaft im Differenzierungsbereich des Gymnasiums in NRW setzen, das zeigt schon die Entscheidung für den Namen des Faches, einen wissenschaftspropädeutischen Schwerpunkt. Vor allem durch die Festlegung einer breiten theorielastigen Obligatorik verwischen die Unterschiede zur gymnasialen Oberstufe.

Nach meiner Einschätzung gelingt in keiner der drei Varianten eine stufengemäße Ausbalancierung der oben dargestellten vier Qualifikationsbereiche. An einem Beispiel möchte ich aufzeigen, wie die hier entwickelten fachdidaktischen Konzeption in der Sekundarstufe I umgesetzt werden könnte.

Für den neu eingerichteten Kurs Pädagogik im Wahlbereich der differenzierten Mittelstufe, Klasse 9, am Freiherr-vom-Stein-Gymnasium in Recklinghausen habe ich folgende Konzeption entwickelt und erprobt:

Projekt: Babysitterführerschein

In der **Einstiegsphase** des Halbjahres wurde nach einem intensiven Programm zum Kennenlernen, zum Austausch von Erwartungen und Befürchtungen, gemeinsam überlegt, was eine Babysitterin/ein Babysitter für Kenntnisse, Fähigkeiten, Einfühlungsvermögen usw. besitzen bzw. erwerben muß, um Kindern, Eltern und sich selbst gerecht zu werden. Einige Schülerinnen und Schüler verfügten hier schon über erste Erfahrungen, so daß auch schon konkrete Probleme der Babysitterpraxis diskutiert werden konnten.

Ausgehend hiervon wurde gemeinsam die Planung des Halbjahres vorgenommen.

Erste Schritte der **Erarbeitung** wurden zunächst auf **biographischem Gebiet** gemacht. Erinnerungen an die eigene Kindheit, Ängst, Wünsche, Träume wurden mit Methoden biographischen Lernens thematisiert und vorsichtige Übungen zur Erfahrung von Macht und Ohnmacht, Führen und Geführtwerden unternommen. Diese ersten Reflexionen auf der **Interaktionsebene** sollten die Schüler sensibilisieren, erzieherische Beziehungen bewußter und differenzierter wahrzunehmen und zu deuten. Mit Hilfe u.a. von Broschüren der Bundeszentrale für Gesundheitliche Aufklärung („Das Baby", „Unsere Kinder", „Kinderspiele") wurden **theoretische Grundlagen** gelegt, die altersgemäß wissenschaftsorientiert, aber nicht im engeren Sinne wissenschaftspropädeutisch ausgerichtet waren. Informationen zum Entwicklungsstand von Kindern, typischen Lebenssituationen, altersgemäßen Problemen und damit verbundenen Anforderungen an Erziehende wurden immer bezogen auf die Ausgangsproblemstellung: Was muß eine Babysitterin/ein Babysitter wissen und können? thematisiert. Die **erziehungspraktische Dimension** hatte also erkenntnisleitende Funktion. Der Besuch einer Erziehungsberatungsstelle unterstrich noch einmal eindrucksvoll für die Schülerinnen und Schüler die Notwendigkeit, sich nicht nur Wissen anzueigen, sondern auch die Perspektivität ihrer Wahrnehmung zu überprüfen und sich konkrete Handlungskompetenzen anzueignen. Auch in einem weiteren inhaltlichen Schwerpunkt läßt sich die Balancierung der vier Qualifikationsbereiche aufzeigen. Die Schülerinnen und Schüler hielten es in der Planungsphase für unbedingt notwendig, spielpädagogische Kompetenz zu erwerben.

In den Dimensionen **Biographie und Interaktion** ging es zunächst um eigene Spielerfahrungen und Spielpräferenzen. Interaktionsspiele für Jugendliche wurden erprobt und mit kommerziellen Konkurrenzspielen verglichen. In der theoretischen Dimension wurde die Bedeutung des Spiels für die Entwicklung von Kindern und Jugendlichen thematisiert und über spielpädagogische Konzepte diskutiert. Schließlich wurde als Abschluß und Höhepunkt des Schuljahres die Kinderbetreuung am Tag der offenen Tür der Schule spielpädagogisch vorbereitet, durchgeführt und ausgewertet. Diese **Bewährung in der Praxis** war für die Schüler von großer Bedeutung und hat das Ansehen des Faches in der Schulöffentlichkeit gefördert. Verbunden mit dem Zeugnis erhielten alle Schülerinnen und Schüler einen „Babysitter-Führerschein", in dem ihnen die theoretische und praktische Vorbereitung auf die pädagogische Tätigkeit des Babysitters bescheinigt wurde.

In beruflichen Bildungsgängen, wie etwa der Erzieher/innen-Ausbildung an der Kollegschule, steht die erziehungspraktische Dimension natürlich im Vordergrund. Zentriert ist die Ausbildung auf berufliche Entwicklungsaufgaben:

1. Entwicklung eines Konzepts der zukünftigen Berufsrolle
2. Ausbau eines Konzepts der pädagogischen Fremdwahrnehmung
3. Erarbeitung eines Konzepts des pädagogischen Handelns
4. Entwicklung eines Modells der Professionalisierung (vgl. Gruschka 1985)

Allgemeinbildende Anteile und erziehungswissenschaftliche Theorie werden funktional auf die Entwicklung berufspraktischer Kompetenz bezogen. Blockpraktika, praxisbegleitender Unterricht, die Bearbeitung von Lernaufgaben als Praxisaufgaben mit projektförmigem Charakter unterstreichen die Priorität der berufspraktischen Qualifizierung. Mit dem neu gestalteten methodischen Konzept der Praxisgeschichten (vgl. Gruschka u.a. 1995a) ist es gelungen, die biographische und interaktionelle Dimension überzeugend zu integrieren. Mit dem Arbeitsbuch für die Ausbildung (vgl. Gruschka u.a. 1995b) wird eine Sammlung von Fallgeschichten vorgelegt, mit denen – immer unter dem Leitaspekt berufspraktischer Kompetenz – pädagogische Fremdwahrnehmung, aber auch die eigene Berufswahlmotivation, eigene Deutungs- und Handlungsmuster, Kommunikations- und Erziehungsstile und das eigene Berufsrollenkonzept reflektiert werden können. Das eigene Schreiben von Fallgeschichten verknüpft mit den oben angeführten Reflexionsprozessen, ist von Anfang an ein zentraler Bestandteil der Ausbildung.

Für alle anderen Thematisierungsfelder bietet dieses Konzept sehr interessante Anregungen. Zu bedenken ist nur, ob nicht durch die überstarke Betonung des beruflichen Aspektes, die anderen qualifikatorischen Dimensionen zu kurz kommen.

Im Grundstudium an Fachhochschule und Universität, im erziehungswissenschaftlichen Begleitstudium, dominieren sicher in unterschiedlichem Maße erziehungstheoretische Anteile. Trotzdem kann mit Hermann Giesecke festgestellt werden: *„Studieren ist also ein subjektiver, biographischer Prozeß der Selbstbildung, der dann als erfolgreich erlebt wird, wenn er als Fortschritt an Wissen, Kenntnis und Können erfahren werden kann."* (Giesecke 1994, S. 33). Giesecke betont weiterhin, daß sich das erziehungswissenschaftliche Studium vor allem dadurch von anderen Studienfächern unterscheidet, daß Pädagogik eine Handlungswissenschaft ist. Daher ist auch im Studium der Handlungsaspekt ein Leitmotiv. In der Praxis des Massenstudiums gelingt diese Theorie-Praxis-Verbindung leider nur in seltenen Fällen. Die Erziehungswirklichkeit nicht nur theoretisch auszuforschen, sondern praktisch-gestaltend zu begleiten und Pädagogikstudenten neben dem notwendigen erziehungstheoretischem Wissen auch praxisrelevante Kompetenzen zu vermitteln, bleibt aber ein wichtiger Anspruch (vgl. Schön 1995, S. 46 ff.). Dies gilt in besonderem Maße für das erziehungswissenschaftliche Begleitstudium und Fachhochschulstudiengänge. Die Einbeziehung biographischer und interaktioneller Dimensionen erscheint mir für angehende Pädagoginnen und Pädagogen völlig unverzichtbar (vgl. auch Lauff/Homfeldt, a.a.O.). Dies scheint aber unter den gegenwärtigen Bedingungen erziehungswissenschaftlicher Ausbildung an den Universitäten sowie dem Selbstverständnis und den Kompetenzen vieler Lehrender nur schwer vorstellbar.

In der zweiten Phase der Lehrerausbildung markieren die neuen Fachseminar-Rahmenpläne eine Wende im Ausbildungsverständnis. So finden sich im Rahmenplan für das Fachseminar Pädagogik alle vier von mir hier skizzierten Qualifikationsbereiche wieder (vgl. Knöpfel u.a., o.J.). Die Referendarinnen und Referendare sollen sich als Subjekte ihrer Ausbildung verstehen, die ihre subjektiven Theorien erfahrungsbezogen u.a. mit Methoden biographischen Lernens aufarbeiten und ein Selbstkonzept als Pädagogiklehrer/in entwickeln können. Interaktionelle und gruppendynamische Prozesse sollen in der Seminargruppe erfahrungs- und handlungsorientiert zum Aufbau interaktioneller und kommunikativer Kompetenz genutzt werden. Erziehungspraktisch geht es um konkrete Kompetenzen der Unterrichtsgestaltung, aber auch der Ausgestaltung des Erziehungsaspektes der Pädagogiklehrerrolle. Erziehungstheoretisch steht die Auseinandersetzung mit fachdidaktischer Theorie im Vordergrund. Die eigene fachdidaktische Position soll nicht wie in der Meisterlehre durch Kopie des Fachleiter/innen-Verhaltens erreicht werden, sondern durch die Entwicklung einer eigenen begründeten theoretischen Position. Weiterhin muß aber auch eine Nachqualifizierung in erziehungswissenschaftlichen Theoriebereichen geleistet werden, da nur im Ausnahmefall davon auszugehen ist, daß Referendarinnen und Referendare das in der Unterrichtspraxis benötigte Wissen vollständig von der Universität mitbringen.

Orientiert an dem hier entfalteten fachdidaktischen Konzept können folgende Qualifikationen für die zweite Phase der Lehrerausbildung formuliert werden:

Die Referendarinnen und Referendare sollen die Gelegenheit erhalten,
- biographische Muster ihrer Berufswahl, ihrer Denk- und Handlungsmuster zu reflektieren, um ein differenziertes, begründetes berufliches Selbstverständnis als Pädagogiklehrerin bzw. Pädagogiklehrer zu entwickeln;
- durch erfahrungsorientierte Prozesse ihr Denken und Handeln auf der Beziehungsebene, ihren Umgang mit Schülerinnen und Schülern, Kolleginnen und Kollegen zu reflektieren und im Sinne eines empathischen, achtenden Umgangs weiterzuentwickeln;
- konkrete Gestaltungskompetenzen in unterrichtlichen Handlungssituationen als Gestalter/in von Lehr- und Erziehungsprozessen und Begleiter von Lernprozessen zu erwerben;
- in Auseinandersetzung mit fachdidaktischen Positionen eine eigene, begründete Konzeption eines guten Pädagogikunterrichtes zu entwickeln.

Die positiven Ansätze der Ausbildungsreform werden allerdings massiv durch Veränderungen der Lehrerausbildung zu Einsparzwecken gefährdet.

Die Thematisierung von Erziehung in unterschiedlichsten Bildungsgängen erfährt je nach Kontext eine völlig andere Ausbalancierung der Qualifikationsbereiche. Alle Formen dieser Thematisierung können aber auf das oben formulierte zentrale Ziel ausgerichtet sein: Pädagogikunterricht soll einen Beitrag leisten zu einer das Subjekt stärkenden, den Anderen, die Mitwelt und die Menschenrechte achtenden sowie Verantwortung übernehmenden Erziehung.

Schluß-Punkt

„Ehrgeiz des Erziehers sollte es sein, günstigste Ergebnisse auf dem Weg geringster Verletzungen der Menschenrechte zu erzielen."

(Janusz Korczak)

Literatur

Acker, Detlev, Richtungsentscheidungen der Kultusministerkonferenz zur Weiterentwicklung der Prinzipien der gymnasialen Oberstufe und des Abiturs, in: SchulVerwaltung 2/1996, S. 54 ff.
Adam, Erik, Das Subjekt in der Didaktik, Weinheim 1988

Bastian, Johannes/Gudjons, Herbert, Über die Projektwoche hinaus. Neue Konturen des Projektlernens, in: Pädagogik 7/8 1989, S. 8 ff.
Bastian, Johannes, Freie Arbeit und Projektunterricht, In: Pädagogik 10/1993, S. 6 ff.
Bastian, Johannes, Offener Unterricht, in: Pädagogik 12/1995, S. 6 ff.
Beck, Ulrich, Die Erfindung des Politischen, Frankfurt 1993
Beck, Ulrich, Risikogesellschaft. Auf dem Weg in eine andere Moderne, Frankfurt 1986
Begley, Louis, Ein satanisches Requiem, aus SPIEGEL 23/1995, S. 180ff.
Benner, Dietrich/Tenorth, Heinz-Elmar, Bildung zwischen Staat und Gesellschaft, in: Zeitschrift für Pädagogik 1/1996, S. 3 ff.
Bernbaum, Israel, Ich bin meines Bruders Hüter, 3. Auflage, München 1995
Bessoth, Richard, Wege zum lern(er)zentrierten Unterricht, in: Pädagogische Führung 2/1991, S. 94 ff.
Beyer, Klaus/Pfennings, Andreas, Grundlagen des Pädagogikunterrichts, Heidelberg 1979
Beyer, Klaus, „Problemzentrierung" statt „Handlungsorientierung", in: PädagogikUnterricht 4/1990, S. 15 ff.
Bildungskommission NRW, Zukunft der Bildung – Schule der Zukunft. Denkschrift der Kommission beim Ministerpräsidenten des Landes Nordrhein-Westfalen, Neuwied 1995
Bittner, Günther, Kinder in die Welt setzen, die Welt in die Kinder setzen. Eine Einführung in die pädagogische Aufgabe, Stuttgart 1996
Boal, Augusto, Theater der Unterdrückten. Übungen und Spiele für Schauspieler und Nicht-Schauspieler, Frankfurt 1989
Böcker, Elisabeth/Ikelle-Matiba-Kohlhausen, Anke, Der ‚Begegnungsansatz' im Interkulturellen Lernen, in: Bundeszentrale für politische Bildung (Hrsg.), Lernen für Europa. Neue Horizonte der Pädagogik, Bonn 1994, S. 202 ff.
Böhm, Günter, Schulprogramme als Weg der Erneuerung des Gymnasiums. Aufgaben und Chancen für das Schulfach Erziehungswissenschaft/Pädagogik, in: PädagogikUnterricht 4/1995, S. 2 ff.
Bönsch, Manfred, Variable Lernwege. Ein Lehrbuch der Unterrichtsmethoden, Paderborn 2. Auflage 1995
Boie, Kirsten, Erwachsene reden. Marco hat etwas getan, Jugendbuch, Hamburg 1994
Bokelmann, Hans, Julka oder die pädagogische Verzweiflung. Überlegungen zur Erziehungswissenschaft als Handlungswissenschaft, in: Röhrs, H. (Hrsg.), Die Erziehungswissenschaft und die Pluralität ihrer Konzepte, Wiesbaden 1979, S. 115 ff.
Buber, Martin, Die Schriften über das Dialogische Prinzip, Heidelberg 1954
Buber, Martin, Reden über Erziehung, Heidelberg 1956
Buchholtz, Fritz, Die europäischen Quellen des Gestaltbegriffs, in: Integrative Therapie Beiheft 10, 1985, S. 19 ff.
Buchmann-Stiller, Barbara, Lebenslauf – Altern, Leben und Praxisorientierung als didaktische Kategorien in der Altenpflege-Ausbildung, in: Bienstein, C. u.a. (Hrsg.), Kritische Schriften zur Pflege und Medizin, Band III, Dorsten-Wulfen 1994, S. 1 ff.
Bugdahl, Volker, Kreatives Problemlösen im Unterricht, Frankfurt am Main: Cornelsen Scriptor, 1995

Burow, Olaf-Axel, Grundlagen der Gestaltpädagogik, Dortmund 1988
Burow, Olaf-Axel/Neumann-Schönwetter, Marina (Hrsg.), Zukunftswerkstatt in Schule und Unterricht, Hamburg 1995
Buschmeyer, Hermann, Biographisches Lernen als politische Bildung, in: Materialien zur politischen Bildung 4/1988, S. 5 ff.
Buten, Howard, Burt. Roman, Hamburg 1992
Buten, Howard, Ohne Rücksicht auf Verluste, Roman, Hamburg 1994

Capra, Fritjof, Das neue Denken, München 1992
Cohn, Ruth/Terfurth, Christina (Hrsg.), Lebendiges Lehren und Lernen, Stuttgart 1993
Csikszentmihalyi, Mihaly/Schiefele, Ulrich, Die Qualität des Erlebens und der Prozeß des Lernens, in: Zeitschrift für Pädagogik 2/1993, S. 207 ff.

Dewey, John, Demokratie und Erziehung, Braunschweig 1964
Derichs, Gunter, Wissenschaftspropädeutische Strukturlinien des erziehungswissenschaftlichen Unterrichts, Erkrath 1990
Deutscher Kinderschutzbund (Hrsg.), Das Recht des Kindes auf Achtung, Hannover 1989
Dijk, Lutz van, Als Nazi geboren wird keiner. Gegen Fremdenhaß und Gewalt in Schule und Elternhaus, 2. Auflage, Düsseldorf 1994
Döring, Klaus W., Lehren in der Weiterbildung, Weinheim 1992
Dörner, Klaus/Plog, Ursula, Irren ist menschlich. Lehrbuch der Psychiatrie Psychotherapie, Bonn 1996
Dorlöchter, Heinz/Stiller, Edwin, Problemzentriertes Lernen im Pädagogikunterricht, in: PädagogikUnterricht 4/1989, S. 12 ff.
Dorlöchter, Heinz/Stiller, Edwin, Problemzentrierung als Bindeglied zwischen Wissenschafts- und Handlungsorientierung, in: PädagogikUnterricht 2/3 1991, S. 61 ff.
Dorlöchter, Heinz/Maciejewski, Gudrun/Stiller, Edwin, Phoenix. Der etwas andere Weg zur Pädagogik. Ein Arbeitsbuch. Band 1, Paderborn 2000
Dorlöchter, Heinz/Maciejewski, Gudrun/Stiller, Edwin, Phoenix Band 2, Paderborn 2000
Dörner, Dietrich, Problemlösen als Informationsverarbeitung, Stuttgart 1979
Dubs, Rolf, Konstruktivismus: Einige Überlegungen aus der Sicht der Unterrichtsgestaltung, in: Zeitschrift für Pädagogik 6/1995a, S. 889 ff.
Dubs, Rolf, Lehrerverhalten. Ein Beitrag zur Interaktion von Lehrenden und Lernenden im Unterricht, Zürich 1995b

Edelmann, Wolfgang, Lernpsychologie, Weinheim 1993
Ernst, Heiko, Dem Leben Gestalt geben, in: Psychologie heute 2/1994, S. 20 ff.

Fatke, Reinhard, Fallstudien in der Pädagogik, in: Zeitschrift für Pädagogik 5/1995, S. 675 ff.
Fatzer, Gerhard, Ganzheitliches Lernen. Humanistische Pädagogik und Organisationsentwicklung, Paderborn 1990
Fellsches, Josef, Erziehung und eingreifendes Handeln. Eine Grundlegung pädagogischer Praxis, Frankfurt 1981
Fellsches, Josef, Didaktische Phantasie. Einführungen in Erziehungswissenschaft, Essen 1993
Fellsches, Josef, Leben können. Von Tugendtheorie zur Lebenskunst, Essen 1996
Ferrucci, Piero, Werde was du bist. Selbstverwirklichung durch Psychosynthese, Reinbek 1994
Fleskes, D./Kliebisch, U., Projektarbeit. Chancen und Probleme, in: Neue Deutsche Schule 2/1995, S. 14 ff.
Friedeburg, Ludwig von, „Den besseren Zustand denken als den, in dem man ohne Angst verschieden sein kann", in: Verein der Freunde und Förderer von Laborschule und Oberstufenkolleg (Hrsg.), Einblicke. Studienjahr 93/94, S. 17 ff.

Gagel, Walter/Menne, Dieter, Politikunterricht. Handbuch zu den Richtlinien NRW, Düsseldorf 1988

Gagel, Walter, Geschichte der politischen Bildung in der Bundesrepublik Deutschland, 2. Auflage, Opladen 1995

Gerstenmaier, Jochen/Mandl, Heinz, Wissenserwerb unter konstruktivistischer Perspektive, in: Zeitschrift für Pädagogik 6/1995, S. 867 ff. (Zitat S. 883)

Giesecke, Hermann, Einführung in die Pädagogik, Weinheim und München 1990

Giesecke, Hermann, Studium Pädagogik. Orientierungen und Hinweise für den Studienbeginn, München 1994

Gräber, Clemens, Anleitung und Training von Oberstufenschülern zur Mitarbeit im Ganztagsangebot eines Gymnasiums, in: Landesinstitut für Schule und Weiterbildung (Hrsg.), Informationen zur Schulberatung, Heft 2, Soest 1991

Gruschka, Andreas, Wie Schüler Erzieher werden, Wetzlar 1985

Gruschka, Andreas u.a., Aus der Praxis lernen. Methodenhandbuch für Lehrer und Pädagogen, Berlin 1995a

Gruschka, Andreas u.a., Aus der Praxis lernen. Arbeitsbuch für die Ausbildung in Erziehungsberufen, Berlin 1995b

Gudjons, Herbert u.a., Auf meinen Spuren. Das Entdecken der eigenen Lebensgeschichte, Reinbek 1986

Haft, Henning/Kordes, Hagen, Empirisch-pädagogische Forschung am Ausgang ihrer „realistischen Phase", in: Dies. (Hrsg.), Enzyklopädie EW Bd. 2, Stuttgart 1984

Hage, Klaus, Unterrichtsplanung theoretisch – Unterrichtsplanung praktisch, in: Westermanns Pädagogische Beiträge 10/1985, S. 446 ff.

Hartkemeyer, Martina und Johannes, Päd. Extra Gespräch, Dialog – Ein Quantensprung im Kopf. Ein Interview mit Danah Zohar, in: Päd. extra 11/12 1995, S. 28 ff.

Helsper, Werner, Pädagogisches Handeln in den Antinomien der Moderne, in: Krüger, Heinz-Hermann/Helsper, Werner (Hrsg.), Einführung in Grundbegriffe und Grundfragen der Erziehungswissenschaft, Opladen 1995, S. 15 ff.

Hentig, Hartmut von, Die Schule neu denken, © 1993 Carl Hanser Verlag, München/Wien

Hentig, Hartmut von, Aber das schwierigste Pensum ist die Geschichtlichkeit. Über Maßstäbe, an denen sich Bildung bewähren muß, in: Frankfurter Rundschau 7.8.1996, S. 16

Herold, Martin, Wir müssen Denken lehren, nicht Gedachtes – selbstorganisiertes Lernen in der gymnasialen Oberstufe, in: Deutsche Lehrerzeitung 23/1995, S. 4 f.

Heursen, Gerd, Didaktische Prinzipien. Hilfen zum Umgang mit didaktischer Vielfalt, in: Pädagogik 2/1996, S. 48 ff.

Holzkamp, Klaus, Lernen. Subjektwissenschaftliche Grundlegung, Frankfurt 1993

Honneth, Axel, Integrität und Mißachtung. Grundmotive einer Moral der Anerkennung, in: Merkur 501/1990, S. 1043 ff.

Huber, Ludwig, Was ist Bildung? in: Die Zeit, 30.6.1995, S. 34

Hülshoff, Theo, Selbstgesteuertes Lernen und Persönlichkeitsentwicklung, in: Pädagogische Führung 2/1991, S. 64 ff.

Hurrelmann, Klaus, Einführung in die Sozialisationstheorie, 5., überarb. u. erg. Aufl. 1995, Beltz, Weinheim und Basel (Zitat S. 14)

Hurrelmann, Klaus, Lebensphase Jugend, Weinheim und München 1994

Hurrelmann, Klaus, Mut zur demokratischen Erziehung, in: Pädagogik 7-8/1994, S. 13 ff.

Janke, Klaus/Niehues, Stefan, Echt abgedreht. Die Jugend der 90er Jahre, München 1995

Kagerer, Hildburg, „Kids – Kreativität in die Schule", in: Pädagogik 4/1995, S. 9 ff.

Kahl, Reinhard, Expeditionen. Zu Übergängen von der belehrenden zur lernenden Gesellschaft, in: Pädagogik 10/1993, S. 50 ff.

Kemper, Herwart, Erziehung als Dialog. Anfragen an Janusz Korczak und Platon-Sokrates, Juventa, Weinheim 1990, S. 168

Kiper, Hanna, Der Schülerselbstmord als Diskursfigur in literarischen Texten, in: PÄD-Forum Februar 1996, S. 80 ff.

Klafki, Wolfgang, Schlüsselprobleme als inhaltlicher Kern intentionaler Erziehung, in: Seibert, N./Serve, H.J. (Hrsg.), Bildung und Erziehung an der Schwelle zum dritten Jahrtausend, München 1994, S. 135 ff.

Klafki, Wolfgang, Zum Problem der Inhalte des Lehrens und Lernens in der Schule aus der Sicht kritisch-konstruktiver Didaktik, in: Zeitschrift für Pädagogik, 33. Beiheft 1995, S. 97

Knöpfel, Eckehardt u.a., Rahmenplan für das Fachseminar Pädagogik. Lehramt für die Sekundarstufe II, o.O., o.J.

Knöpfel, Eckehardt, Sachkompetenz – Sozialkompetenz – Selbstkompetenz. Das Unterrichtsfach Pädagogik als Chance für allgemeinbildende Schulen, in: Deutsche Lehrerzeitung 16/1995, S. 12

König, Eckhard, Erziehungswissenschaft/Pädagogik: Begriffe, in: Hierdeis, Helmwart/ Hug, Theo (Hrsg.), Taschenbuch der Pädagogik Band 2, Baltmannsweiler 1996, S. 332 ff.

Költze, Horst, Lehrerbildung im Wandel. Vom technokratischen zum humanen Ausbildungskonzept, in: Cohn 1993, a.a.O. S. 192 ff.

Kösel, Edmund, Die Modellierung von Lernwelten. Ein Handbuch zur subjektiven Didaktik, Elztal-Dallau, 2. Auflage 1995

Kohli, Martin, Lebenslauftheoretische Ansätze in der Sozialisationsforschung, in: Hurrelmann, K./Ulich, D. (Hrsg.), Neues Handbuch der Sozialisationsforschung, Weinheim 1991, S. 303 ff.

Korczak, Janusz, Wie man ein Kind lieben soll, Göttingen, 11. Aufl. 1995

Kratz, Hans, Verantwortung für den eigenen Lernprozeß übernehmen, in: Pädagogik 7-8/1995, S. 30 ff.

Krüger, Heinz-Hermann/Rauschenbach, Thomas (Hrsg.), Erziehungswissenschaft. Die Disziplin am Beginn einer neuen Epoche, Weinheim und München 1994

Krüssel, Hermann, Die konstruktivistische Betrachtungsweise in der Didaktik, in: Landesinstitut für Schule und Weiterbildung (Hrsg.), Lehren und Lernen als konstruktive Tätigkeit, Soest 1995, S. 116 ff.

Kupsch, Joachim/Schülert, Jürgen, Perspektivwechsel als reflexives Konzept für fächerübergreifenden Unterricht, in: Zeitschrift für Pädagogik 2/1996, S. 48 ff.

Kultusminister des Landes Nordrhein-Westfalen (Hrsg.), Gymnasiale Oberstufe. Richtlinien Erziehungswissenschaft, Düsseldorf 1981

Lange, Otto, Problemlösendes Lernen und Binnendifferenzierung des Unterrichts, in: Klattenhoff, Klaus u.a. (Hrsg.), Bildung als Aufklärung, Oldenburg 1991, S. 209 ff.

Langefeld, Jürgen, Unterrichtsplanung im Fach Pädagogik, Düsseldorf 1982

Langefeld, Jürgen, Fachdidaktik für den Pädagogikunterricht: Leitgedanken für die Zukunft, in: PädagogikUnterricht 2/3 1989a, S. 11 ff.

Langefeld, Jürgen u.a., Auf dem Wege zum Selbst. Unterricht im gesellschaftlichen Aufgabenfeld in den Klassen 9 und 10, Wuppertal 1989b

Langefeld, Jürgen, Unterricht im Schulfach Pädagogik in Realschule, Gesamtschule und Gymnasium, in: Geschichte Erziehung Politik2/1992, S. 104 ff.

Langefeld, Jürgen, Pädagogikunterricht auf der S I – zur Entwicklung eines curricularen Konzepts, in: PädagogikUnterricht 4/1994, S. 2 ff.

Langhanky, Michael, Die Pädagogik von Janusz Korczak, Luchterhand, Neuwied 1993

Lauff, Werner/Homfeldt, Hans Günther, Pädagogische Lehre und Selbsterfahrung. Erziehung der Erzieher mit pädagogischen Medien, Weinheim 1981

Leggewie, Claus, Plädoyer eines Antiautoritären für Autorität, in: DIE ZEIT, 5.3.1993, S. 93

Lenzen, Klaus-Dieter/Tillmann, Klaus-Jürgen, Gleichheit und Differenz. Erfahrungen mit integrativer Pädagogik, Bielefeld 1996
Liebau, Eckhart, Kreativität in der Schule, in: Pädagogik 4/1995, S. 6 ff.
Lisop, Ingrid/Huisinga, Richard, Arbeitsorientierte Exemplarik. Theorie und Praxis subjektbezogener Bildung, 2. Auflage, Frankfurt 1994
Löwitsch, Dieter-Jürgen, Vorüberlegungen zu einer zukünftigen Ethik für Pädagogen, in: Borrelli, Michele, Deutsche Gegenwartspädagogik, Hohengehren 1993, S. 149 ff.
Lüders, Christian/Kade, Jochen/Hornstein, Walter, Entgrenzung des Pädagogischen, in: Krüger, Heinz-Hermann/Helsper, Werner, a.a.O., S. 207 ff.

Maciejewski, Gudrun, Bedeutung und Funktion des Tagebuchschreibens bei jungen Mädchen, unveröffentlichte Staatsexamensarbeit, Münster 1988
Mandl, Heinz u.a., Das träge Wissen, in: Psychologie heute 9/1993, S. 64 ff.
Maturana, Humberto R./Varela, Francisco J., Der Baum der Erkenntnis, München 1987
Maurer, Friedemann, Lernen und Lebenssinn, Langenau-Ulm 1990
Merten, Roland, Erziehung – Rechtsextremismus – Gewalt. Zur politischen Sozialisation Jugendlicher, in: Hans-Uwe Otto/Roland Merten (Hrsg.), Rechtsradikale Gewalt im vereinigten Deutschland, Bonn 1993, S. 126 ff.
Metzinger, Thomas, Subjekt und Selbstmodell, Paderborn 1993
Meueler, Erhard, Die Türen des Käfigs. Wege zum Subjekt in der Erwachsenenbildung. Mit Zeichnungen von Jules Stauber, Klett-Cotta, Stuttgart 1993
Meueler, Erhard, Lernen und Lehren in der Erwachsenenbildung. Lehr-Lern-Verträge und andere Methoden, Heidelberg 1994
Meueler, Erhard, Die Freiheit auf dem hohen Seil und auf dem harten Boden. Berufliche Selbstvergewisserung, in: PÄD Forum Juni 1996, S. 272 ff.
Meulemann, Heiner/Birkelbach, Klaus, Mein Leben als mein Thema – auch für andere, in: Zeitschrift für Pädagogik 3/1994, S. 447 ff.
Meyer-Drawe, Käte, Tod des Subjekts – Ende der Erziehung? Zur Bedeutung „postmoderner Kritik für Theorien der Erziehung", in: Pädagogik 7-8/1996, S. 48 ff.
Milchert, Jürgen, Das neue Schulprofil Europaschule, in: Bundeszentrale, a.a.O., S. 261 ff.
Ministerin für Frauen, Bildung, Weiterbildung und Sport des Landes Schleswig-Holstein (Hrsg.), Gewalt in der Schule. Was wir wissen und was wir tun können. Ein Handbuch, Kiel 1994
Ministerium für Bildung, Jugend und Sport des Landes Brandenburg, Erziehungswissenschaften. Vorläufiger Rahmenplan, Potsdam 1992
Ministerium für Schule und Weiterbildung, Richtlinien und Lehrpläne für das Gymnasium – Sekundarstufe I in Nordrhein-Westfalen. Erziehungswissenschaft, Düsseldorf 1995
Mortimore, Peter, Schuleffektivität: Ihre Herausforderung für die Zukunft, in: Zeitschrift für Pädagogik, 32. Beiheft, Weinheim 1994, S. 117 ff.
Müller, Burkhard, Das Allgemeine und das Besondere beim sozialpädagogischen und psychoanalytischen Fallverstehen, in: Zeitschrift für Pädagogik 5/1995, S. 697 ff.

Nitzschke, Volker, Zum methodischen Handeln im politischen Unterricht, in: Bundeszentrale für politische Bildung (Hrsg.), Erfahrungsorientierte Methoden der politischen Bildung, Bonn 1988, S. 47 ff.

Opora, Peter/Gutheil, Georg, Literarische Ganzschriften im EWU, in: PädagogikUnterricht 1/1990, S. 9 ff.

Pelzer, Wolfgang, Janusz Korczak, Reinbek 1987
Phillip, Elmar, Gute Schule verwirklichen, Weinheim 1994

Posse, Norbert/Priebe, Botho, Wie kommen wir da bloß raus? Lehrerkollegien bearbeiten Unterrichtsstörungen gemeinsam, in: Friedrichs Jahresheft V, 1987, S. 128 ff.
Prengel, Annedore, Pädagogik der Vielfalt, 2. Auflage, Opladen 1995
Preuss-Lausitz, Ulf, Die Kinder des Jahrhunderts. Zur Pädagogik der Vielfalt im Jahr 2000, Weinheim 1993
Preuss-Lausitz, Ulf, Neue Werte für böse Kinder?, in: Päd.Extra 6/1994, S. 25 ff.

Rabenstein, Reinhold, Lernen kann auch Spaß machen, Münster 1986
Reich, Kersten, Systemisch-konstruktivistische Pädagogik. Einführung in Grundlagen einer interaktionistisch-konstruktivistischen Pädagogik, Neuwied 1996
Reinders, Karl-Ludwig/Stiller, Edwin, „Lehrerinnen und Lehrer gegen Rechts!" Bericht über eine Fortbildungsmaßnahme zum Thema „Rechtsradikalismus im Zusammenhang mit Fremdenfeindlichkeit, Gewalt, Nationalismus und Extremismus" in Nordrhein-Westfalen, in: Landesinstitut für Schule und Weiterbildung (Hrsg.), Rechtsradikalismus ... Auswertungs- und Arbeitsbericht, Soest 1996, S. 7 ff.
Reinders, Karl-Ludwig/Stiller, Edwin, „Begegnung in Theresienstadt" – Tschechische und deutsche Lehrerinnen und Lehrer stellen sich gemeinsam der Aufgabe des Erinnerns an den Holocaust, in: Landesinstitut für Schule und Weiterbildung (Hrsg.), Die tschechisch-deutschen Beziehungen in Geschichte und Gegenwart: Aufgaben für die Zukunft, Soest 1996, S. 71 ff.
Rico, Gabriele L., Garantiert schreiben lernen, Reinbek 1984
Robinsohn, Saul B., Bildungsreform als Revision des Curriculums, Neuwied und Berlin 1975
Rogers, Carl R., Lernen in Freiheit, München 1979
Rumpf, Horst, Über zivilisationskonforme Instruktion und ihre Grenzen – erörtert an einem Beispiel der Schulentwicklung, in: Hans Rauschenberger (Hrsg.), Unterricht als Zivilisationsform, Königstein 1985, S. 51 ff.

Satir, Virginia, Selbstwert und Kommunikation, München 1987
Satir, Virginia u.a., Das Satir Modell. Familientherapie und ihre Erweiterung, Paderborn 1996
Scheidt, Jürgen vom, Kreatives Schreiben. Wege zu sich selbst und zu anderen, Frankfurt 1993
Schiek, Gudrun, Selbsterfahrung, Selbstreflexion, in: Hierdeis, Helmwart/Hug, Theo (Hrsg.), Taschenbuch der Pädagogik, Hohengehren 1996, S. 1304 ff.
Schiffer, Eckhard, Warum Huckleberry Finn nicht süchtig wurde. Anstiftungen gegen Sucht und Selbstzerstörung bei Kindern und Jugendlichen, Weinheim 1993
Schmidt, Hans-Dieter, Anmerkungen zu einem entwicklungszentrierten Erziehungsverständnis, in: Welt des Kindes 4/1992, S. 17 ff.
Schmidt, Helmut, Die Gewalt an den Wurzeln bekämpfen, in: DIE ZEIT, 16.7.1993, S. 1
Schön, Bärbel, Gegenstand und Fragestellungen der Erziehungswissenschaft, in: Nyssen, E./Schön, B. (Hrsg.), Perspektiven für pädagogisches Handeln: eine Einführung in Erziehungswissenschaft und Schulpädagogik, München 1995, S. 17 ff.
Schonig, Bruno, „Krise ist oft der Beginn einer Genesung". Wege zur Selbsterziehung von Erzieherinnen und Erziehern bei Janusz Korczak, in: Neue Sammlung 3/1995, S. 77 ff.
Schubert, Bettina, Erziehung als Lebenshilfe, Frankfurt 1993
Seibert, Norbert/Serve, Helmut J.(Hrsg.), Bildung und Erziehung an der Schwelle zum dritten Jahrtausend, München 1994
Speck, Otto, Chaos und Autonomie in der Erziehung, Ernst Reinhardt-Verlag, München 1991
Speck, Otto, Erziehung und Achtung vor dem Anderen, München 1996
Spiegel special, Die Eigensinnigen. Selbstportrait einer Generation, November 1994

Stary Joachim/Kretschmer, Horst, Umgang mit wissenschaftlicher Literatur, Frankfurt 1994

Stevens, John O., Die Kunst der Wahrnehmung. Übungen der Gestalt-Therapie, München 1980

Stiller, Edwin, Hilfe – helft uns! Gewalt gegen Kinder – Formen, Ursachen, pädagogische Handlungsmöglichkeiten, in: PädagogikUnterricht 2/3 1983, S. 1 ff.

Stiller, Edwin, Problemzentriertes Lernen, in: Mickel, W.W./Zitzlaff, D.(Hrsg.), Handbuch zur politischen Bildung, Bonn 1988a, S. 205 ff.

Stiller, Edwin, Die alltägliche Unterrichtsvorbereitung, in: Gagel, Walter/Menne, Dieter, Politikunterricht. Handbuch zu den Richtlinien NRW, Düsseldorf 1988b, S. 239 ff.

Stiller, Edwin, Pearson und die Pädagogik – die Mathematik als Hilfswissenschaft der modernen Erziehungswissenschaft, in: PädagogikUnterricht 2/3 1990, S. 32 ff.

Tendrjakow, Wladimir, Die Nacht nach der Entlassung, Frankfurt 1975

Tenorth, H.-Elmar/Lüders, Christian, Methoden erziehungswissenschaftlicher Forschung 1: Hermeneutische Methoden, in: Lenzen, Dieter (Hrsg.), Erziehungswissenschaft, Reinbek 1994, S. 519 ff.

Wagener, Birgit, Was der Mensch ist, sagt ihm nur seine Geschichte, in: Pädagogische Beiträge 10/1987, S. 8 ff.

Watzlawick, Paul, „Wenn die Lösung das Problem ist", in: Peter Felixberger (Hrsg.), Aufbruch in neue Lernwelten, Münster 1994, S. 19 ff.

Weinbrenner, Peter, Zukunftswerkstätten – eine Methode zur Verknüpfung von ökonomischen, ökologischem und politischem Lernen, in: Gegenwartskunde 4/1988, S. 524 ff.

Weinbrenner, Peter/Häcker, Walter, Theorie und Praxis von Zukunftswerkstätten. Ein neuer Methodenansatz zur Verknüpfung von ökonomischen, ökologischen und politischem Lernen, in: Burow, Olaf-Axel/Neumann-Schönwetter, Marina (Hrsg.), Zukunftswerkstatt in Schule und Unterricht, Hamburg 1995

Werder, Lutz von, Kreatives Schreiben in den Wissenschaften, Berlin/Milow 1992

Werder, Lutz von, Lehrbuch des kreativen Schreibens, 2. Auflage, Berlin/Milow 1993

Wierichs, Georg, 30 Jahre Fachdidaktik Pädagogikunterricht – Überlegungen anläßlich einer Bibliographie, in: Zeitschrift für Pädagogik 5/1992, S. 725 ff.

Wierichs, Georg, Pädagogikunterricht, in: Hierdeis, H./Hug, T. (Hrsg.), Taschenbuch der Pädagogik, Band 4, S. 1161 ff., Baltmannsweiler 1996

Wigger, Lothar, Handlungstheorie und Pädagogik, Sankt Augustin 1983

Wyrwa, Holger, Konstruktivismus und Schulpädagogik – Eine Allianz für die Zukunft, in: Landesinstitut für Schule und Weiterbildung (Hrsg.), Lehren und Lernen als konstruktive Tätigkeit, Soest 1995, S. 15 ff.